庆祝广西壮族自治区成立 60 周年

（1958~2018）

广西文物考古

广西文物保护与考古研究所　编著

60 年

文物出版社

图书在版编目（ＣＩＰ）数据

广西文物考古60年 / 广西文物保护与考古研究所编
著.-- 北京：文物出版社，2020.11
ISBN 978-7-5010-6713-8

Ⅰ.①广…　Ⅱ.①广…　Ⅲ.①文物—考古工作—广西
—图集 Ⅳ.①K872.67-64

中国版本图书馆CIP数据核字（2020）第102628号

广西文物考古60年

编　　著：广西文物保护与考古研究所

装帧设计：李　红
责任编辑：杨新改　崔叶舟
责任印制：苏　林

出版发行：文物出版社
社　　址：北京市东直门内北小街2号楼
网　　址：http：//www.wenwu.com
邮　　箱：web@wenwu.com
经　　销：新华书店
制版印刷：天津图文方嘉印刷有限公司
开　　本：889mm×1194mm　1/12
印　　张：21¹/₃
版　　次：2020年11月第1版
印　　次：2020年11月第1次印刷
书　　号：ISBN 978-7-5010-6713-8
定　　价：480.00元

本书编辑委员会

顾　问

蒋廷瑜　覃义生　蓝日勇　谢日万

主　任

林　强

副主任

韦　革　黄槐武

委　员
（按姓氏笔画为序）

何安益　覃玉东　谢广维　谢光茂　赖兰芳

广西文物保护与考古研究所作为学术研究机构，坚持把科研工作作为立所之本、强所之本，作为工作的重中之重，把出人才、出成果作为目标。

60年来依托自身丰富的考古资料及学术资源优势，积极开展国内国际合作，形成了立足广西，兼顾周边及东南亚的学术研究格局，对研究、复原广西古代社会历史面貌做出了积极贡献。

目录

前言

广西简称桂，介于北纬 20° 54'~26° 24'，东经 104° 26'~112° 04'之间，北回归线横贯全境。南濒热带海洋，北接南岭山地，西延云贵高原，属云贵高原向东南沿海丘陵过渡地带。地处中南亚热带季风气候区，气候温暖、降水丰沛，自然资源十分丰富。河流众多，交通便利。

早在80万年以前，就有人类在百色盆地生活，距今11万年的智人和5万年的"柳江人"昭示广西是研究现代人起源的重要区域；距今约 1 万年进入新石器时代，出现许多定居聚落，发明陶器，开始稻作农业；距今约4000年跨入文明社会，百越族群中的"西瓯"和"骆越"活跃在这片大地上；公元前214年，秦始皇统一岭南，广西纳入祖国版图，从此汉越民族逐渐融合，创造了灿烂的古代文化。要揭开尘封的历史，需要考古学的贡献。

广西的考古事业在新中国成立前几乎是一片空白，新中国成立后，各级人民政府非常重视文物保护工作。1950 年成立广西省文物馆筹备委员会，专设历史文物组，着手文物调查和征集；与此同时，派人前往北京参加全国考古训练班学习，培养了第一批考古专门人才。1956年正式成立广西省文物管理委员会和广西省博物馆，具体领导广西文物考古工作。

1958 年成立广西壮族自治区，文物考古工作有了更快的发展。1964 年 9 月，广西壮族自治区为了加强文物管理工作，同意广西壮族自治区博物馆调整机构，在博物馆内设文物工作队。到 1966 年期间，进行了多次文物普查，初步摸清了广西文物"家底"。

"文化大革命"对文物考古工作有所冲击，直到 1971 年，中断了的文物考古工作才得以恢复。1972 年在桂林召开全区文物工作会议，1973 年在扶绥举办了文物考古训练班，培养了一批基层文物考古工作者。

1974 年成立了广西壮族自治区文物工作队，与广西壮族自治区博物馆合署办公，在广西壮族自治区文物管理委员会领导下，负责全区文物调查、发掘、保护和研究工作。

20世纪90年代以后，随着国家西部大开发的实施，大型基本建设项目不断增多，广西考古工作相应地进入快速发展时期。南昆铁路、新南昆铁路、贵阳至广州等高速铁路，南宁至梧州、桂林至北海、南宁至百色、桂林至梧州等高速公路，百色、乐滩、长洲等水利枢纽，为配合这些大型基建项目，进行了大量的考古工作，调查发现了大量史前文化遗址，考古发掘收获也很丰硕。尤其是百色盆地旧石器和左江、邕江、红水河流域等新石器时代遗址的发掘，有许多新的发现。

进入21世纪，广西考古工作延续发展势头，特别是更注重基本建设考古工作的课题研究工作，逐步解决各流域的史前文化编年。

2006年广西壮族自治区文物工作队改为广西文物考古研究所，2012年成立广西文物保护与考古研究所，广西考古工作得到了进一步的重视和发展，在大力推进田野考古的同时加强了不可移动文物、可移动文物的保护力量，完成了大量的文物保护项目。

近年为配合左江花山岩画、灵渠、海上丝绸之路申报世界文化遗产，开展了左江流域、灵渠两岸、北部湾沿岸的考古调查、发掘工作，取得了重要成果，为各个申遗项目提供了丰富的考古资料和坚实的学术支撑。

广西义物保护与考古研究所认真履行职责，完成各个时期的文物调查、考古发掘和研究，做好文物保护与维修，不断发表考古发掘报告、学术论文，出版学术专著、考古专刊，成果显著，人才辈出，荣获国家文物局颁发的"郑振铎－王冶秋文物保护先进集体"称号等荣誉，为广西的文物考古事业做出了应有贡献！

2018年是广西壮族自治区成立60周年，值此喜庆之年我们统纂此书，既是缅怀前辈的艰苦奋斗、不懈研究的精神，总结60年来取得的文物考古丰硕成果，也是激励后辈需继承、发扬光大前辈的精神，团结拼搏，开拓创新，争取更多的业务和科研成果，为文物考古事业做出更大的贡献！

蒋廷瑜

第一单元

机构沿革

　　新中国成立前，广西既没有文物考古专业机构，也没有专业人员。1952～1955年，北京大学与中央文化部、中国科学院联合举办考古人员训练班，广西先后派出6人接受培训，他们学成归来，广西才有文物考古专业人员，并在广西省博物馆筹备处成立了历史考古组。1958年开始有高等院校考古专业的本科毕业生到广西工作，随后逐年增加，形成了广西考古的专业队伍。1974年，随着事业的发展和专业人员的基本配齐，成立广西壮族自治区文物工作队，与广西壮族自治区博物馆合署办公，在广西壮族自治区文物管理委员会领导下，担负着全区文物调查、考古发掘、科学研究和文物保护管理的主要任务。

　　2006年广西壮族自治区文物工作队改为广西文物考古研究所，2010年前在南宁市民主路12号办公；2011年搬迁至南宁市科园大道68号，2012年更名为广西文物保护与考古研究所，经自治区编办批准为独立建制单位。

壹　广西壮族自治区文物工作队

　　1964 年 9 月，广西壮族自治区文化局为了加强文物管理工作，同意广西壮族自治区博物馆调整机构，在博物馆内设"文物工作队"。1974 年经广西壮族自治区编制委员会同意成立广西壮族自治区文物工作队，与广西壮族自治区博物馆合署办公。办公地点位于广西展览馆内。历任领导班子成员如下。

文物工作队人员合影（2003年摄）

（一）队长（王克荣，1974年起任职）**、副队长**（蒋廷瑜、韦仁义）

王克荣，男，汉族，1934 年 10 月出生，籍贯海南，研究馆员。1958 年毕业于中山大学历史学专业，历任广西壮族自治区文物工作队队长、广西壮族自治区博物馆副馆长。承担多项历史考古重要课题，发表考古学论文 10 余篇，对中国铜鼓起源、左江花山岩画有深入研究。《巫术文化的遗迹 —— 广西左江岩画剖析》一文获省级奖。

王克荣

蒋廷瑜，男，汉族，1939 年 10 月出生，籍贯广西兴安，研究馆员。1964 年毕业于北京大学考古专业。长期从事田野考古工作。历任广西壮族自治区文物工作队副队长、队长，广西壮族自治区博物馆副馆长、馆长。中国古代铜鼓研究会理事长。出版铜鼓研究及考古学研究的专著（含合著）30 余种，其中《铜鼓史话》获全国优秀历史读物奖和广西社会科学研究优秀成果二等奖。发表论文 260 余篇，其中《岭南出土石戈探微》获广西社会科学研究优秀成果二等奖。1990 年被评为广西有突出贡献的科技人员，享受国务院政府特殊津贴。

蒋廷瑜

韦仁义，男，壮族，1938 年 11 月出生，籍贯广西来宾，研究馆员。1962 年毕业于中央民族学院分院（今中南民族大学历史系）。长期从事文物考古与研究工作。曾任广西壮族自治区文物工作队副队长，中国古陶瓷研究会及古外销陶瓷研究会理事，广西考古博物馆学会副会长。发表《武鸣马头墓葬与古代骆越》《广西北流河流域青白瓷及其兴衰》等论文和考古发掘报告 20 余篇，合著《广西陶瓷》获广西历史学会优秀成果奖。

韦仁义

（二）队长（何乃汉，1979年起任职）**、副队长**（蒋廷瑜、韦仁义）

何乃汉，男，汉族，1935 年 9 月出生，籍贯广西扶绥，研究馆员。历任广西壮族自治区文物工作队队长、广西壮族自治区博物馆馆长。长期从事文博工作，专长于史前考古。发表考古报告和论文 20 余篇。享受国务院政府特殊津贴。

何乃汉

（三）队长（蒋廷瑜，1985年起任职）、副队长（韦仁义、张宪文、覃义生）

张宪文

张宪文，男，汉族，1951 年 8 月出生，籍贯广西北海，研究馆员。1970 年参加工作，1980 年毕业于四川大学历史系考古专业，1985～1998 年任广西壮族自治区文物工作队副队长，1998 年 11 月调任广西文物保护研究设计中心主任、总工程师。长期从事文物保护工作，曾主持、参加了合浦大士阁、三江程阳风雨桥、佛山祖庙等近 200 项全国重点文物保护单位、省级及以下文物保护单位的工程勘察设计、保护规划、维修施工的工作。负责指导完成的《佛山祖庙修缮工程勘察设计方案》荣获 2005 年度"全国十佳文物保护工程勘察设计方案及文物保护规划"。

覃义生

覃义生，男，壮族，1954 年 2 月出生，籍贯广西河池，研究馆员。北京大学历史系考古专业毕业，长期从事田野考古研究工作。历任广西壮族自治区文物工作队副队长、队长，广西壮族自治区博物馆副馆长。曾任中国考古学会理事、中国古代铜鼓研究会理事。发表考古、文物、民族、历史等领域的研究论文和报告 30 篇，合作翻译日文论文 30 余篇。

（四）队长（覃义生，1994年起任职）、副队长（张宪文、谢日万、梁旭达）

谢日万

谢日万，男，汉族，1964 年 9 月出生，籍贯广西博白，副研究馆员。1987 年毕业于厦门大学考古学专业。历任广西壮族自治区文物工作队副队长、队长，广西文物考古研究所所长兼广西壮族自治区博物馆副馆长，广西文物局副局长，广西壮族自治区文化厅副巡视员、副厅长。现任广西壮族自治区文化和旅游厅党组成员、副厅长、文物局局长。长期从事田野考古、文物保护工作，主要参与或主持岑溪花果山战国墓、南昆铁路隆安大石铲遗址等 10 多项大型的考古发掘工作；主持编制完成忻城莫土司衙署、富川百柱庙等维修保护方案。

梁旭达

梁旭达，男，汉族，1953 年 2 月出生，籍贯广西桂平，研究馆员。1976 年于四川大学历史系考古专业毕业后，在广西壮族自治区博物馆、文物考古研究所工作。长期从事广西田野考古调查、发掘及广西地方史、民族史的研究。曾任广西文物考古工作队副队长，主持过 1987 年合浦文昌塔汉墓、1998 年香港大屿山东涌遗址发掘等工作。

（五）队长（蓝日勇，2001年起任职）**、副队长**（谢日万、梁旭达、林强）

蓝日勇，男，壮族，1948年12月出生，籍贯广西都安，研究馆员。1975年毕业于北京大学历史系考古专业，长期从事文物考古工作。历任广西壮族自治区文物工作队队长，广西壮族自治区博物馆副馆长、党总支副书记。中国古代铜鼓研究会理事、广西历史学会理事。合作出版专著4部，发表论文30余篇。获广西社会科学研究优秀成果二等奖2项、三等奖2项，广西历史学会优秀成果一等奖1项，广西文博学会学术成果一等奖1项、二等奖1项。

蓝日勇

林强，男，汉族，1967年10月出生，籍贯广西玉林，研究馆员。1990年毕业于中山大学人类学系考古学专业。历任广西壮族自治区文物工作队副队长、队长，广西文物考古研究所副所长、所长，广西壮族自治区博物馆副馆长，现任所长、书记，广西师范大学外聘硕士生导师。长期从事文物考古研究工作，主持及参与百色盆地旧石器时代遗址、都安北大岭新石器时代遗址等20余处重要遗址的发掘工作。主编出版《广西文物考古报告集》《广西考古文集》《广西文物保护与考古研究所学术丛书》，出版《百色旧石器》《百色革新桥》等20余本（篇）论著及考古报告，其中《百色旧石器》《百色革新桥》分获广西社科优秀成果二、三等奖。

林强

（六）队长（谢日万，2004年起任职）**、副队长**（林强、韦江）

韦江，男，壮族，1969年1月出生，籍贯广西都安，研究馆员。1991年毕业于北京大学考古学系考古专业。历任广西壮族自治区文物工作队副队长、广西文物考古研究所副所长、广西壮族自治区博物馆副馆长、广西壮族自治区图书馆馆长，现为广西壮族自治区博物馆馆长。广西博物馆协会副理事长兼秘书长，广西师范学院政法学院特聘教授，广西历史学会常务理事，广西民族研究学会考古专业委员会主任委员。先后参加或主持了那坡感驮岩遗址、贵港马鞍岭东汉墓、重庆万州黄陵嘴遗址、田阳那赖遗址等20多个考古发掘项目的发掘工作。发表考古报告和论文20余篇。

韦江

贰　广西文物考古研究所

2006 年经广西壮族自治区文化厅批准更名为"广西文物考古研究所"，谢日万为所长，林强、韦江为副所长。2009 年林强任所长，2011 年黄槐武任副所长。办公地点仍在广西展览馆内，有工作人员 20 人。内设业务办公室、史前考古研究室、历史时期考古研究室、文物保护工程研究室。行政管理隶属于广西壮族自治区博物馆，业务工作相对独立。2011 年 12 月搬迁至科园大道 68 号，办公面积增至 6000 平方米，改善了办公和文物库房条件。

广西文物考古研究所成立合影（2006年摄）

叁　广西文物保护与考古研究所

2012年经广西壮族自治区编制委员会批准成立广西文物保护与考古研究所，林强任所长，黄槐武任副所长，韦革任副书记。内设办公室、考古研究室、北部湾考古中心、文物保护研究室、信息资料研究室共五个部门。现有在编人员19人，其中研究馆员10人，副研究馆员5人，馆员4人。担负着全区文物调查、考古勘探、考古发掘、科学研究和文物保护的主要任务。

广西文物保护与考古研究所办公楼（2012年摄）

（一）现任领导

党支部书记、所长：林强

副　书　记：韦革

副　所　长：黄槐武

韦革

韦革，男，壮族，1973年4月出生，籍贯广西德保，研究馆员。1996年毕业于中山大学人类学系考古学专业，现任副书记。长期从事考古发掘及研究工作，主攻历史时期考古、水下考古，历年来先后主持合浦岭脚村三国墓、桂林靖江王陵等多处遗址的发掘工作及防城港庙万口海域水下考古调查工作，合著《桂林靖江昭和王陵考古发掘清理报告》，发表了《从历史学和考古学方面对合浦汉代郡县设置的一些认识》《国家考古遗址公园考古工作理念的探索——以桂林靖江王府及王陵的考古实践为例》等考古报告、论文十余篇。

黄槐武

黄槐武，男，汉族，1964年4月出生，籍贯广西容县，研究馆员。先后毕业于复旦大学文博专业文物保护方向、广西师范大学考古学与博物馆学专业，在职研究生学历。1982年参加工作。原任广西壮族自治区博物馆保管部主任、文物保护研究室主任，现任广西文物保护与考古研究所副所长。为广西民族大学外聘硕士研究生导师，中国文物学会民族民俗文物专业委员会常务理事，中国机械工程学会铸造分会铸造史工作委员会常务理事，中国古代铜鼓研究会常务理事。长期从事不可移动文物和可移动文物的保护工作。主持或主要参与完成了广西宁明花山岩画保护、广西博物馆馆藏汉代铁器保护修复等 100 多项文物保护工作。主持或主要参与完成了全国馆藏文物腐蚀损失调查项目广西壮族自治区博物馆重点调查单位子课题、广西宁明花山岩画风化机理研究等国家文物局课题。主要参与完成的"广西宁明花山岩画近景摄测量项目"，获得了 2005 年中国测绘学会和国家测绘局颁发的测绘科技进步三等奖。发表了《广西宁明花山岩画的保护与防治研究》《广西合浦县禁山七星岭东汉墓葬》等论文 30 多篇。

（二）部门设置及职能

1. 办公室：负责组织单位党务、行政、人事、劳资、财务、文秘、档案的管理及相关事务；协调督办各管理、业务工作；对外联系、宣传、交流、接待和外事工作，以及妇女儿童工作。

2. 北部湾考古中心：负责组织实施考古调查、勘探、发掘、资料整理、出版与研究等工作，负责水下考古工作的实施，组织申报和实施相关的学术科研课题。

3. 考古研究室：负责组织实施考古调查、勘探、发掘、资料整理、出版与研究等工作，组织申报和实施相关的学术科研课题。

4. 文物保护研究室：负责考古现场、可移动文物的保护工作，开展文物保护相关的学术研究工作。

5. 信息资料研究室：负责图书报刊资料的征订与管理使用、考古发掘原始资料的保存、网站管理；负责文物库房及展厅的管理与日常维护；开展文物接收与保管、陈列展览等工作；开展相关的学术研究工作。

（三）现任专家风采

谢光茂，男，汉族，1962 年 12 月出生，籍贯广西博白，研究馆员（二级教授）。1985 年毕业于厦门大学考古学专业，现任信息资料研究室主任。现为广西师范大学兼职教授，硕士研究生导师。长期从事考古发掘和研究，以史前考古为研究方向。曾主持百色革新桥、隆安娅怀洞遗址等多项重大考古发掘，其中百色革新桥新石器时代遗址入选当年"全国十大考古新发现"，并被评为"第五届全国田野考古奖"三等奖；隆安娅怀洞遗址获"中国社会科学院考古学论坛·2017 年中国考古新发现"入围奖和 2017 年度"全国十大考古新发现"入围奖。在国内外发表学术论文、报告等 60 余篇，出版著作（含译著、合著）9 种，其中多篇（部）获省部级科研成果奖。曾应邀到法、德、美、日、韩、俄、印度、澳大利亚等国参加国际学术会议或进行学术访问。

谢光茂

李珍，男，汉族，1965年8月出生，籍贯广西灌阳，研究馆员。1987年7月毕业于中山大学人类学系考古学专业。主持或参与顶蛳山遗址、桂林甑皮岩遗址、兴安秦城城址等数十处遗址和墓葬的发掘。出版考古报告一部，发表专业文章和发掘报告60余篇。曾获广西社科专著三等奖，国家文物局田野考古二等奖。

李珍

覃芳，女，汉族，1966年9月出生，籍贯广西荔浦，研究馆员。1989年毕业于中山大学人类学系考古专业。长期从事田野考古工作，曾参加自治区党委宣传部组织的环北部湾文化、西江流域文化、宁明花山崖壁画的调查与研究工作。发表论文及考古发掘报告30多篇，其中《壮族历史文化的考古学研究》（第二作者）、《文明的曙光——岭南人的祖先》获广西社会科学优秀成果奖三等奖。

覃芳

杨清平，男，汉族，1970年9月出生，原籍广西资源，研究馆员，兼任广西民族大学硕士研究生导师。1994年毕业于北京大学考古系。研究专长为广西史前考古、青铜时代考古、民族考古以及左江花山岩画研究。主持完成平南相思洲遗址、龙州庭城遗址等几十项考古调查、勘探和发掘工作。作为重要成员参与了左江花山岩画文化景观申报世界文化遗产工作。主持国家社科基金项目1项、区内课题多项。主持和参与编写著作3部，发表考古发掘报告和学术论文近40篇。曾获广西壮族自治区人力资源和社会保障厅、广西壮族自治区文化厅二等功。

杨清平

覃玉东，男，汉族，1973年8月出生，籍贯广西象州，研究馆员。先后毕业于北京建筑工程学院古建筑保护专业、广西师范大学考古学及博物馆学专业，在职研究生学历。现任文物保护研究室主任。长期从事古建筑、近现代重要史迹及代表性建筑、古遗址、石刻等的保护和研究工作，主持或主要参与完成了100余个文物保护勘察设计及文物保护工程施工项目，发表专业文章多篇。

覃玉东

何安益，男，汉族，1974 年 5 月出生，籍贯广西平乐，研究馆员。1997 年毕业于吉林大学考古学系考古学专业，现任考古研究室主任。主要从事先秦考古和唐宋元陶瓷考古研究。主持或参与那坡感驮岩遗址、资源晓锦遗址、永福窑田岭窑等遗址和墓葬发掘。撰写考古报告或科研论文 30 余篇。

何安益

谢广维，男，汉族，1978 年 12 月出生，籍贯云南宣威，研究馆员。2003 年毕业于西北大学文博学院考古学专业，现任北部湾考古中心主任。长期从事田野考古及水下考古工作，主持贵城遗址、贺州凤凰岭墓群、钟山铜盆汉墓等 20 余项遗址或墓群的发掘，参与西沙群岛、肯尼亚拉姆群岛等水下考古调查、发掘项目。主要研究方向为秦汉考古，出版考古报告 1 部，发表论文及报告 20 余篇。

谢广维

韦发勇，男，汉族，1976 年 10 月出生，籍贯广西崇左，高级工程师。2000 年毕业于广西大学土木建筑工程学院建筑工程专业。长期从事文物保护工程的设计及施工，主持或参与多项国保级、省级文物保护工程的设计及施工项目。发表多篇论文。

韦发勇

陈显灵，男，汉族，1977 年 4 月出生，籍贯广西桂平，副研究馆员。2007 年毕业于广西艺术学院环境艺术设计专业。现任文物保护研究室副主任，文物保护工程责任设计师、广西文物鉴定委员会委员。主要从事不可移动文物保护工作，主持或参与国家级、自治区级和市县级文物保护单位的修缮保护方案与施工工作 90 多处。先后发表了多篇学术论文。

陈显灵

赖兰芳，女，汉族，1982 年 4 月出生，籍贯江西吉安，研究馆员。2006 年毕业于中南大学马克思主义理论与思想政治教育专业，法学硕士。2011 年从广西博物馆调至广西文物保护与考古研究所工作。现任办公室主任，长期从事人事、党务、基建考古洽谈等工作，主要研究方向为公共考古等，发表论文十余篇，参与国家社科基金项目一项，承担自治区文化厅课题两项。

赖兰芳

陈晓颖，女，汉族，1982 年 10 月出生，籍贯吉林蛟河，副研究馆员。2011 年吉林大学考古学及博物馆学专业毕业，硕士。现任考古研究室副主任。长期从事旧石器考古工作，主持或参加过田东高岭坡、隆安介榜等多处重要遗址的发掘工作。先后参与国家社科基金项目 3 项，发表考古报告及论文十余篇。

陈晓颖

蒙长旺，男，汉族，1983 年 9 月出生，籍贯广西贵港，副研究馆员。2008 年中山大学考古学专业毕业，2013 年中山大学考古学及博物馆学专业毕业，历史学硕士。现任北部湾考古中心副主任。长期从事田野考古和水下考古工作，主要研究方向为岭南秦汉六朝考古，主持和参与考古发掘、勘探、调查项目 70 多项，发表考古报告和论文多篇。

蒙长旺

（四）曾在广西文物保护与考古研究所（广西壮族自治区文物工作队、广西文物考古研究所）任职的专家

黄增庆，男，壮族，1918 年 6 月 ~ 1995 年 6 月，籍贯广西武鸣，研究馆员。毕业于广西国立桂林师范学院史地系。在文物工作队参加过南宁地区、梧州地区文物普查，参加贵县汉墓、梧州汉墓、梧州钱监址等发掘。合著有《壮族通史》等。

黄增庆

方一中，男，汉族，1920 年 5 月 - 1990 年 2 月，籍贯广西横县，副研究馆员。毕业于广西大学史地系。在文物工作队主持过横县西津遗址、钦州独料遗址、平乐银山岭战国墓和汉墓、合浦望牛岭汉墓、合浦堂排汉墓、贺县铺门汉墓、昭平乐群汉墓、桂林靖江王墓等发掘，1982 年调任广西壮族自治区博物馆保管部主任。

方一中

梁景津，男，汉族，1922 年 10 月 ~ 1996 年 10 月，籍贯广西北流，副研究馆员。在文物工作队负责古建维修、文物保护管理工作，后借调至广西文化厅文物处工作。

梁景津

庄礼伦，男，汉族，1929 年 4 月出生，籍贯广东普宁，研究馆员。毕业于中山大学历史系。在文物工作队参加过桂林地区文物普查，横县西津贝丘遗址、藤县中和窑址等发掘。

庄礼伦

潘世雄，男，汉族，1930 年 8 月～2016 年，籍贯广西邕宁县，研究员。毕业于中央民族学院历史系。在文物工作队参加过桂林地区文物普查，参加合浦望牛岭汉墓、北流铜古岭冶铜遗址等发掘。1984 年调广西民族研究所工作。

潘世雄

邱钟仑，男，汉族，1931 年 8 月～2016 年 4 月，籍贯云南昆明，研究馆员。毕业于云南大学历史系。在文物工作队参加过桂林地区文物普查、岩滩水库水淹区调查，扶绥敢造遗址等发掘，1978 年调任广西壮族自治区博物馆陈列部副主任，1985 年任副馆长。合著有《广西左江岩画》等。

邱钟仑

张世铨，男，汉族，1933 年 11 月～2001 年 8 月，籍贯四川德阳市，研究馆员。毕业于四川大学历史系。在文物工作队参加过桂林地区、百色地区文物普查，南丹里湖崖洞葬调查，昭平乐群汉墓、桂平西山窑址等发掘，1984 年调任广西壮族自治区博物馆副馆长，1988 年调广西钱币研究所工作。合著有《越南历史货币》等。

张世铨

巫惠民，男，汉族，1935 年 7 月～2018 年 8 月，籍贯广西贺县，副研究馆员。在文物工作队参加过桂林地区文物普查，大藤峡农民起义遗址调查，扶绥江西岸遗址、贵县罗泊湾汉墓、钟山牛庙汉墓群、昭平乐群汉墓、桂林靖江王墓等发掘。1979 年调任广西壮族自治区博物馆群教部主任、广西自然博物馆馆长。

巫惠民

赵仲如，男，汉族，1937年8月出生，籍贯江西南昌，研究馆员。毕业于中山大学地貌学专业。长期从事古生物与古人类化石考古发掘、采集、调查研究等工作，发表论文40余篇。调任广西自然博物馆地学部主任。享受国务院政府特殊津贴。

周石保，男，汉族，1939年9月出生，籍贯广西南宁，副研究馆员。毕业于广西师范大学生物学专业。长期从事古生物与古人类化石考古发掘、采集、调查研究等工作，发表论文近20篇。调任广西自然博物馆生物部主任。

彭书琳，女，汉族，1939年12月出生，籍贯广西兴安，研究馆员。毕业于广西大学矿冶系采矿学专业。参加过河池地区文物普查，参与田东高岭坡遗址、田阳濑奎遗址、桂林宝积岩遗址、靖西宾山遗址、隆林龙洞遗址、百色革新桥遗址、百色坎屯遗址、邕宁顶蛳山遗址、南宁灰窑田遗址、资源晓锦遗址、武鸣马头先秦墓、兴安秦城遗址、合浦文昌塔汉墓、合浦凸鬼岭汉墓、北海盘子岭汉墓、贵港马鞍岭东汉墓、柳城大埔窑址、贺州钱监遗址等发掘。著有《广西古代崖洞葬》等。

罗坤馨，女，汉族，1942年9月出生，籍贯广东新会，副研究馆员。在文物工作队参加过桂林地区、河池地区文物普查等，1987年调任广西博物馆陈列部副主任。

陈左眉，女，汉族，1942年2月出生，籍贯广东台山，副研究馆员。参加西津遗址、豹子头遗址、合浦堂排汉墓、合浦凸鬼岭汉墓、贵县深钉岭汉墓、贺州钱监遗址、柳城大埔窑址等发掘。著有《广西少数民族文献目录》等。

覃圣敏，男，汉族，1945 年 12 月～2012 年 4 月，籍贯广西上林，研究员。毕业于北京大学历史系考古学专业。在文物工作队参加过柳州地区、百色地区文物普查，田东长蛇岭遗址、隆安大龙潭遗址、平乐银山岭战国墓、合浦堂排汉墓、恭城长茶地南朝墓等发掘。1985 年调广西民族研究所，任副所长。编著有《广西左江流域崖壁画考察与研究》，著有《骆越画魂 —— 花山崖壁画之迷》，主编有《壮泰民族传统文化比较研究》等。

覃圣敏

陈远璋，男，汉族，1949 年 9 月出生，籍贯广西桂林，研究馆员。毕业于四川大学历史系考古学专业。在文物工作队参加过柳州地区、百色地区文物普查，隆安大龙潭遗址、贺州高寨汉墓发掘。后调广西文化厅文物处，历任副处长、调研员、广西文物局副局长。合著有《广西左江岩画》等。

陈远璋

覃彩銮，男，壮族，1950 年 8 月出生，籍贯广西柳江，研究员。毕业于北京大学历史系考古学专业。在文物工作队参加过柳州地区、百色地区文物普查，田东长蛇岭遗址、隆安大龙潭遗址、柳江新安汉墓、融安安宁南朝墓、北流铜古岭冶铜遗址的发掘。1986 年调广西民族研究所，任副所长、所长。著有《广西居住文化》《壮族干栏文化》《左江崖壁画艺术寻踪》等。

覃彩銮

黄启善，男，壮族，1950 年 3 月出生，籍贯广西都安，研究馆员。毕业于四川大学历史系考古学专业。在文物工作队参加过柳州地区、百色地区文物普查，合浦文昌塔汉墓、贵县北郊汉墓、昭平乐群汉墓、永福寿城南朝墓、北流铜古岭冶铜遗址、全州麻子冲唐墓、永福窑田岭窑址等发掘，1986 年调任广西博物馆保管部副主任，后任广西壮族自治区博物馆副馆长、广西自然博物馆馆长、广西壮族自治区博物馆馆长。主编有《百色旧石器》《广西博物馆古陶瓷精粹》《广西铜镜》等。

黄启善

于凤芝，女，汉族，1950 年 9 月出生，籍贯辽宁岫岩，研究馆员。毕业于北京大学历史系考古学专业。在文物工作队参加过钦州独料遗址、贺州钱监遗址等发掘，后调广西壮族自治区博物馆保管部。

于凤芝

郑超雄

郑超雄，男，壮族，1951 年 2 月出生，籍贯广西来宾，研究馆员。毕业于南京大学历史系考古学专业。在文物工作队参加过柳州地区、百色地区文物普查，武鸣马头先秦墓群、金秀桐木汉墓、融安安宁南朝墓、永福窑田岭窑址、合浦上窑窑址等发掘，后调任博物馆任陈列部主任。著有《壮族历史文化的考古学研究》《壮族审美意识探源》《壮族文明起源研究》等。

陈文

陈文，男，汉族，1965 年 11 月出生，籍贯广西苍梧，研究馆员。本科毕业于四川大学考古学专业，吉林大学硕士研究生。主持或参加过贵港深钉岭古墓群、香港东湾涌和蟥涌遗址、资源晓锦遗址、合浦凸鬼岭汉墓等发掘，后调任福建厦门博物馆副馆长。

熊昭明

熊昭明，男，汉族，1967 年 6 月出生，籍贯广西防城，研究馆员。本科毕业于中山大学考古学专业，四川大学博士研究生。主持或参加过贺州高屋背岭古墓、合浦凸鬼岭汉墓、合浦风门岭汉墓、岑溪胜塘汉墓、合浦草鞋村遗址、合浦大浪古城、柳城大埔窑址发掘，后调广西壮族自治区博物馆任副馆长。广西"新世纪十百千人才工程"第二层次人选，享受国务院政府特殊津贴。著有《广西出土汉代玻璃器的考古学与科技研究》《汉代合浦港考古与海上丝绸之路》等。

彭长林

彭长林，男，汉族，1969 年 12 月出生，籍贯广西资源，教授。本科毕业于北京大学考古学专业，云南大学博士研究生。主持或参加过田东百渡遗址、资源晓锦遗址、百色革新桥遗址、兴安秦城遗址、合浦凸鬼岭汉墓、兴安严关窑址、柳城大埔窑址等发掘，2008 年调湖南师范大学。著有《云贵高原青铜时代》等。

除上述调离同志外，曾在文物队（考古所）工作过的还有李延凌、王振镛、潘慧琳、潘佳红、周继勇、邱龙、李庆斌、李长江、王亦平、李玉瑜、梁薇薇、彭鹏程等同志。他们为单位的事业发展做出了贡献！

第二单元

考古调查发掘大事记

　　广西的文物调查工作应从 1935 年开始，当年中国地质调查所新生代研究室的裴文中、杨钟健和德日进到桂林市郊和武鸣等地进行洞穴调查和发掘，发现了一批石器时代遗址。原广西省立博物馆、广西省文物管理委员会也进行了考古调查、发掘工作。中国科学院古脊椎动物研究室（后改为古脊椎动物与古人类研究所）于 1995～1997 年在广西开展山洞调查工作，发现古人类化石和旧石器时代遗址。

　　1957～1965 年，广西省文物管理委员会指导了全区性的文物普查工作，发现了一大批古遗址、古墓葬、古窑址和古城址，奠定了考古工作的基础。

　　1981～1986 年，进行第二次全区文物普查，2007～2011 年进行了全区第三次文物普查。

　　随着 20 世纪 90 年代国家西部大开发等政策的实施，配合基建开展调查和考古发掘工作，发现和发掘了不同时期大量的遗址、墓葬、城址、窑址等。同时主动开展专题调查，主要有广西沿海水下考古调查、湘江流域史前文化的调查与研究、汉代海上丝绸之路始发港研究等重要课题，均取得了重要研究成果。

- 20 世纪 50 年代，中国科学院古脊椎动物研究室（后改为古脊椎动物与古人类研究所）派出一个野外调查队来广西开展调查洞穴和采集、发掘动物化石的工作，先后发现了来宾麒麟山人化石、柳州白莲洞遗址、柳城巨猿洞、柳江人化石等，对广西旧石器时代考古研究起了很好的推动作用。

- 广西考古发掘工作始于 1954 年，到 1957 年年底，先后在桂林、贵县（今贵港）、兴安、藤县、富钟（今钟山）等地发掘汉晋墓葬 447 座，出土文物 11000 余件。这期间还发现古文化遗址 10 多处，采集到古生物化石 300 余件。这些工作奠定了广西文物考古工作的基础。

- 1959 年开展梧州、柳州、百色专区文物普查。

- 1963 年和 1964 年完成了南宁地区和梧州地区的文物普查，发现新石器时代文化遗址 150 多处，战国汉代遗址及古城址 20 多处、古窑址 10 多处、古墓葬群 90 多处、古崖壁画 8 处，采集文物标本 400 余件。

- 1965~1966 年开展桂林地区和玉林地区文物普查，发现古文化遗址 200 多处，古墓葬群 100 多处，古窑址 10 多处，古城址 10 多处，古崖壁画 8 处，采集文物标本 400 余件。试掘了邕宁长塘、武鸣芭勋、扶绥江西岸和横县西津等 4 处新石器时代贝丘遗址和都安老虎岩洞穴遗址、梧州钱监宋代铸钱遗址，并发掘了一批汉墓。

- 1966 年 6 月进入"文化大革命"，文物考古工作陷入停顿，1971 年后逐渐恢复。1971 年在配合基本建设中，先后发掘了合浦望牛岭一、二号汉墓，清理了恭城秧家春秋墓，搜集了西林普驮西汉铜棺墓和铜鼓墓出土文物。这三项工作获得了重大的考古发现，广西的文物考古工作重新活跃起来。

- 1973 年在扶绥举办广西文物考古工作人员训练班，配合训练班学员实习，试掘了南宁豹子头贝丘遗址、扶绥江西岸和敢造贝丘遗址、荔浦马岭汉晋墓群，发掘桂林明代靖江王第七、九代王墓。

- 1974 年成立广西壮族自治区文物工作队，发掘了平乐银山岭战国至汉代墓群和横县秋江新石器时代贝丘遗址。

- 1975 年配合中山大学历史系考古专业学生实习，在合浦县举办考古训练班，发掘了合浦堂排汉墓。

- 1976 年配合四川大学历史系考古专业学生实习，在钟山县发掘了牛庙汉晋墓群。同年配合基建发掘了贵县罗泊湾 1 号汉墓、贺县铺门河东汉墓、贺县沙田龙井汉墓、昭平北陀乐群汉墓。

- 1977 年清理了梧州富民坊汉代陶窑址，发掘了贺县沙田、莲塘、贺城的汉墓。

- 1978 年发掘了钦州独料新石器时代遗址、隆安大龙潭新石器时代晚期遗址、扶绥韦关新石器时代晚期遗址、北流铜石岭汉晋冶炼遗址，清理了容县城厢唐代废井，又在贵县北郊清理汉墓 20 余座。

- 1979 年试掘了柳州蓝家村、鹿谷岭、响水三处新石器时代遗址，调查试掘了桂林宝积岩洞穴遗址和田东新州旧石器时代遗址，发掘了贵县罗泊湾 2 号汉墓。

- 1980 年发掘了田东定模洞洞穴遗址、柳州白莲洞遗址、柳州鲤鱼嘴新石器时代遗址、扶绥中东新石器时代晚期遗址、贵县风流岭 31 号汉墓、贺县铺门金钟 1 号汉墓、融安锅铲坪南朝墓、桂平西山宋代瓷窑、合浦福成宁海上窑明代窑址，对左江流域崖壁画进行了全面考察。

- 1981 年，国家文物局组织开展全国文物普查工作，广西组织力量先后对柳州地区（1981 年）、百色地区（1982 年）、钦州地区（1983 年）做了普查，同时对天生桥、龙滩、岩滩等水电站水淹区进行了文物调查。

- 1981 年发掘柳江甘前洞穴遗址。

- 1982 年发掘贵县铁路新村古墓 12 座。

- 1983 年配合铜鼓滩工程进行文物调查，在桂平、贵县的郁江、浔江两岸发现新石器时代遗址和地点 51 处。

- 1983 年发掘兴安石马坪汉墓、柳州九头山东汉墓、兴安界首汉晋墓、柳江新安东汉墓、兴安严关宋代瓷窑。

- 1984 年发掘武宣勒马汉墓、兴安龙山湾汉唐墓、贺县石壁湾汉晋墓以及合浦、贵县的一批汉墓、南丹里湖白裤瑶区的崖洞葬。

- 1985 年发掘崇左吞云岭新石器时代遗址、合浦望牛岭和风门岭汉墓共计 13 座。

- 1985～1986 年发掘武鸣马头先秦墓群，并对平果县隋唐至明末清初崖洞墓做了专题调查。

- 1986 年发掘武鸣县岜马山商周时期岩洞墓。

- 1987～1988 年配合南（宁）北（海）二级公路建设工程，发掘合浦汉墓 210 多座。

- 1989 年发掘田东高岭坡旧石器时代遗址。

- 20 世纪 90 年代，配合南昆铁路、南梧二级公路、桂海高速公路、桂梧高速公路、南宁至凭祥高速公路基建工程，对沿线都做了文物调查和勘探，对百龙滩、恶滩、龙滩、乐滩等水电站水淹区及百色水利枢纽工程水淹区也做了全面的调查和勘探工作。

- 1991 年发掘岑溪花果山战国墓群。

- 1991～1992 年发掘了岩滩水电站水淹区的东兰望达坡遗址、大化瑶族自治县弄石坡遗址、良方遗址、音圩遗址等新石器时代遗址。

- 1991～1993 年发掘兴安秦城遗址。

- 1991～1995 年发掘了北流岭峒宋代窑址。

- 1992 年发掘了南梧二级公路建设工程的贵县三圣岭汉墓群、马鞍岭汉墓群，贵县火车站扩建工程的贵县梁君峒汉墓群。

- 1992 年发掘隆安县定出岭、内军坡、秃斗岭、麻疯坡、雷美岭、大山岭等多处新石器时代大石铲遗址。

- 1992～1993 年发掘了柳城大埔水电站的柳城木桐宋元时期窑址。

- 1993 年发掘百色百谷、田东高岭坡旧石器时代遗址。

- 1994 年发掘钟山县燕塘张屋古墓 25 座，配合南昆铁路建设工程发掘田东县思林坡西岭遗址。

- 1995 年发掘合浦三合口农场盘子岭古墓 38 座。

- 1996 年发掘贵港马鞍岭汉墓群。

- 1997 年发掘那坡感驮岩遗址，参与中国社会科学院考古研究所主持发掘的邕宁顶蛳山贝丘遗址、南宁豹子头遗址，发掘田阳赖奎遗址。

- 1998~2002 年连续发掘资源晓锦遗址。

- 进入 21 世纪，广西考古工作进入一个快速发展时期，主要是先后对平班、金鸡滩、百色、长洲、右江鱼梁、大藤峡等水利枢纽工程，对田林洞巴、罗城宝坛、大新上利、田阳那吉、百色东笋、柳江红花、昭平下富站、贺州上程等水电站水淹区进行调查；对岑溪至罗定、洛阳至湛江等铁路，南宁至百色、百色至隆林、桂林至兴安、兴安至全州、阳朔至平乐、平乐至钟山、岑溪至梧州等高速公路，以及其他基本建设项目进行调查勘探发掘工作。主动发掘了临桂县大岩遗址、象州县南沙湾贝丘遗址，对平南县石脚山遗址、那坡县感驮岩遗址、桂林甑皮岩遗址、柳州大龙潭鲤鱼嘴遗址、横县秋江遗址再次发掘。完成了第三次不可移动文物调查工作。配合花山岩画、灵渠、海上丝绸之路申遗工作，做了大量的调查、试掘工作。

- 2000~2001 年发掘临桂大岩遗址。

- 2001 年发掘桂林甑皮岩遗址、武鸣岜旺岩洞葬。

- 2002 年发掘百色上宋、田东百渡旧石器时代遗址。

- 2002~2003 年，对广西湘江流域史前文化遗址进行了专题调查，发掘百色革新桥遗址。

- 2003 年发掘柳州鲤鱼嘴遗址、武鸣仙湖弄山岩洞葬，发掘合浦县城东岭脚村三国墓。

- 2003~2005 年为配合合浦县第二麻纺厂厂区扩建工程，先后在风门岭范围内发掘 8 座汉墓。

- 2004~2005 年因百色水利枢纽发掘百色百达遗址、坎屯遗址、田林龙皇庙遗址和八六坡遗址、右江阳圩宋代营盘遗址；因乐滩水利枢纽发掘红水河流域的都安北大岭、马山六卓岭和尚朗岭新石器时代遗址。

- 2005 年因桂梧公路发掘阳朔龙盘岭东汉窑址和乐响村东汉墓葬、平乐木棺汀遗址。

- 2005~2006 年因南宁(坛洛)至百色高速公路建设，发掘田阳那满、那赖遗址，百色大梅、南半山、六怀山、六合等遗址，田东坡洪、百渡遗址，隆安虎楼岭、北庙遗址。发掘钟山至马江高速公路的昭平柴围岭遗址、篁竹遗址、白马山古墓群。

- 2006 年发掘南宁市青秀区三岸园艺场南部的灰窑田贝丘遗址；长洲水利枢纽的桂平上塔、油榨、长冲根、长冲桥、大塘城等遗址，平南县相思洲遗址。清理了武鸣敢猪山岩洞葬。

- 2007 年清理了龙州更洒岩洞葬，山秀水电站的崇左市何村、江边屯、冲塘贝丘遗址；配合洛湛铁路建设发掘梧州木铎冲遗址。

- 2008 年调查发现隆安鲤鱼坡贝丘遗址。发掘隆林至百色高速公路的百色百寨、田林风洞等 11 处遗址以及贵港的贵城遗址。

- 2009~2010 年发掘贵阳至广州高速铁路的贺州贺街、钟山铜盆古墓，湘桂铁路的柳州鹿谷岭遗址、永福窑田岭窑址，鱼梁水利枢纽的田东坡算遗址、福兰遗址等遗址。

- 2011 年配合新建云桂铁路发掘隆安谷红岭、介榜等大石铲遗址。配合鱼梁水利枢纽发掘了田东百银城址、那桓窑址。发掘贵港贵城遗址。

- 2012 年发掘合浦大浪古城、草鞋村遗址。

- 2012~2015 年发掘清理了靖江王陵与王府遗址。

- 为配合左江花山岩画文化景观申报世界文化遗产工作，2010 年起对左江流域龙州、宁明、江州、扶绥等地开展了调查和试掘，发现 25 处遗址；2013 年对沉香角岩厦贝丘遗址、宝剑山A洞洞穴遗址、无名山岩厦贝丘遗址、舍巴台地贝丘遗址进行了试掘，发掘了龙州城庭汉代遗址。

- 2013~2015 年为配合灵渠申报世界文化遗产，对兴安秦城遗址通济村城址进行了小范围发掘。

- 2014 年配合老口水利枢纽发掘隆安大龙潭遗址、扶绥江西岸遗址、敢造遗址；配合邕江水利枢纽发掘南宁凌屋贝丘遗址。配合"海上丝绸之路"申遗工作对北海白龙城进行考古调查及试掘。

- 2015 年为探索现代人类起源和水稻起源，发掘隆安娅怀洞穴遗址和田东利老遗址；配合大藤峡水利枢纽发掘桂平弩滩巡检司遗址；配合"海上丝绸之路"申遗工作对合浦英罗窑址进行考古调查及试掘。

- 2016 年配合邕宁水利枢纽发掘南宁青山、灰窑田、剪刀村、那北嘴等贝丘遗址。

- 2017 年完成了荔浦至玉林、桂林至柳城、隆安至硕龙等高速公路考古调查勘探工作，发掘钦州乌雷炮台遗址；发掘田林瓦村水电站的八襄、百劳等遗址。

- 2018 年完成了贵阳至南宁高铁项目的调查、勘探工作。配合大藤峡水利枢纽发掘了象州娘娘村贝丘遗址，武宣勒马汉城、旧县宋代遗址、陈家岭宋代窑址。继续发掘田林瓦村电站的那忙、红汪、地楼、渭的、囊仙、八渡 6 处遗址；发掘乐百高速公路的凌云百门、右江区坡绿山和百磨山旧石器时代遗址 3 处遗址；完成荔浦料村汉墓、西二线广南支干线梧州压气站项目梧州后背山遗址、贵港市郁江两岸综合治理PPP项目的贵城遗址、富川县富阳至朝东二级公路改扩建项目建设用地的马山窑址等项目的考古发掘工作。

第三单元

文物考古

    广西有着丰富的古代文化遗存，从 20 世纪 30 年代起，考古工作者就开始了相关考古调查发掘工作，并取得重要考古发现及研究成果。

    以百色盆地为代表的旧石器考古，可以确定百色旧石器是东亚发现最早的含手斧的石器工业，早至距今 80 万年。在广西柳江、崇左等地都有距今 10 万年的现代人遗存的重要发现。以桂林甑皮岩遗址为代表的桂北史前文化的发掘研究，以柳州白莲洞、鲤鱼嘴遗址为代表的桂中史前文化的发掘研究，以南宁顶蛳山遗址为代表的贝丘遗址的发掘研究，以隆安大龙潭遗址为代表的大石铲遗存的研究，武鸣马头西周春秋墓葬的发掘研究，以贵港罗泊湾汉墓、合浦汉墓为代表的汉墓发掘研究，汉代海上丝绸之路始发港研究，以兴安秦城、贵港贵城、武宣勒马汉城等为代表的秦汉城址专题的发掘及研究等，成绩十分显著。发掘了诸多重要遗址，出土了大量珍贵文物，取得了丰硕研究成果，基本复原了广西古代历史文化面貌。

壹　旧石器时代

广西旧石器时代考古在东亚和东南亚的史前考古研究中具有重要的地位。自治区成立以来，广西旧石器时代考古在探索人类起源和远古文化方面取得了举世瞩目的成就。这一时期重要的发现有巨猿化石、柳江人化石、智人洞人化石、娅怀洞人头骨化石、百色旧石器、白莲洞史前文化等。

（一）发现众多的古人类化石和巨猿化石

广西是中国目前发现古人类化石地点最多的地区。迄今为止，已发现的人类化石地点多达 24 处，广泛分布于柳州、来宾、桂林、百色、河池、崇左、钦州等地区。旧石器时代人类化石在广西最早发现于 20 世纪 50 年代，1956 年发现麒麟山人化石，1958 年发现柳江人化石。20 世纪 70 年代以来又先后发现了桂林宝积岩人（1979 年）、田东定模洞人（1980 年）、柳江甘前人（1981 年）、忻城古蓬人（1981 年）、柳州白莲洞人（1982 年）、隆林那来洞人（1984 年）、靖西宾山人（1985 年）、隆林龙洞人（1988 年）等，这些人类化石属旧石器时代晚期，绝对年代在距今 5 万 ~ 1 万多年。这些人类化石的发现为研究更新世晚期人群的扩散以及广西乃至华南地区当时人类体质特征提供了极为珍贵的资料，也表明几万年前广西地区就已遍布人类活动的踪迹。另外，广西还是巨猿的故乡，已发现的巨猿化石地点达 7 处，是世界上发现巨猿化石地点最多、化石材料最丰富的地区。

（二）百色盆地旧石器和手斧的发现

百色盆地旧石器因含有众多的手斧而著称于世。自从1973年在百色上宋村发现旧石器以后，通过文物普查和考古专题调查，在百色市右江区、田阳县、田东县，沿右江两岸发现100多处旧石器遗址或地点，采集数以千计石器标本。特别是2004年开始的百色水利枢纽、南宁至百色高速公路、百色至隆林高速公路等大型基建项目，发掘了大梅、南半山、六合、六怀山、六拉山、那赖、那哈、那满、百渡、高岭坡、坡洪、那平等遗址，发掘面积超过28000平方米，发现多处石器制造场，出土了1万多件

柳江人遗址及保护标志碑

柳江人化石是中国迄今发现最完整的晚期智人化石。它的发现为研究中国晚期智人的体质特征以及早期智人和晚期智人体质变化关系提供了极为珍贵的实物资料。由于这里出土了珍贵的柳江人化石，柳江人遗址早在1963年就被广西壮族自治区人民政府公布为文物保护单位。

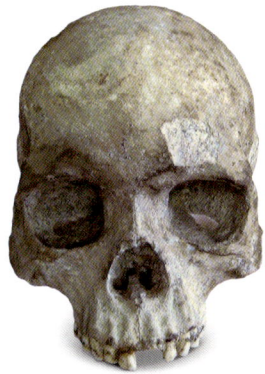

1

3

5

2

4

6

柳江人头骨侧面

柳江人化石

1.头骨　2.右髋骨　3.胸椎骨　4.骶骨　5、6.股骨

（化石标本现藏于中国科学院古脊椎动物与古人类研究所）

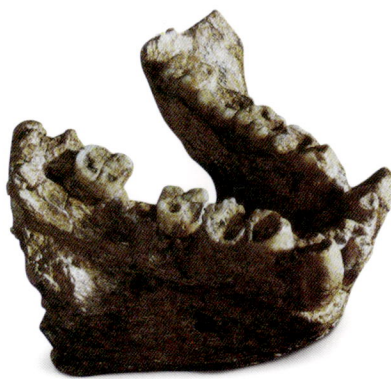

麒麟山人化石

麒麟山人是广西最早发现的古人类化石，包括大部分上颌骨和腭骨，右侧的颧骨和大部分枕骨。

巨猿　　　　　　　　现代人类

柳城巨猿洞发现的巨猿下颌骨和牙齿与现代人类的比较

巨猿是地球上已发现的最大灵长类动物，生存年代在距今200万~10多万年前，对于研究人类进化具有重要意义。

科学家根据巨猿化石复原的巨猿形象

百色盆地
享有"考古富矿"之称的百色盆地，风光绮丽。百色旧石器就发现在这种红土山坡上。

大梅遗址考古发掘现场
2005年为配合南宁至百色高速公路建设，在百色盆地发掘了10余处旧石器遗址，出土1万多件石制品，取得重要收获。

2013年时任自治区文物局副局长谢日万（前右一）等领导到田东高岭坡遗址考古发掘现场视察

百谷遗址发掘现场，考古人员正在起取发掘出土的石器

1993年百谷遗址的发掘首次在原生地层中发现与石器共存的玻璃陨石，由此确定了百色旧石器的年代早到距今80万年，从而将广西有人类活动的历史由几万年向前推到80万年。

高岭坡遗址发掘现场

2013～2014年对田东高岭坡遗址的发掘，由于发现石器制造场、在不同地层出土了一批文化遗物，引起了学者的关注。图为中国科学院古脊椎动物与古人类研究所和北京大学的专家于2014年4月考察考古现场。

百渡遗址出土石器
1、2.砍砸器　3、4.手镐

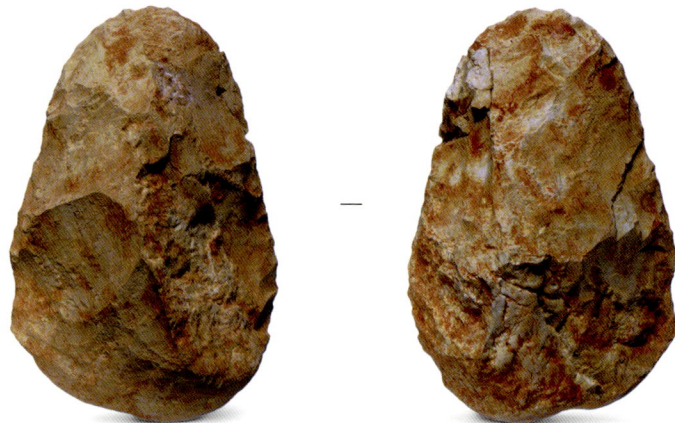

南半山遗址出土手斧
手斧是人类历史上最早出现的反映人类对称意识的石质工具，两面打
制而成，器形对称、美观。

田阳那赖遗址出土玻璃陨石
正是这些形状各异、乌黑发亮的玻璃陨石，解决了百色旧石器的年代问题。

石制品。这些发现为研究百色盆地旧石器的文化特征、年代和分期提供了丰富的实物资料。通过对与石器共存的玻璃陨石测年，包括手斧在内的百色旧石器年代早到距今80万年。百色旧石器的器形有砍砸器、手镐、刮削器、手斧和薄刃斧等。其中手斧是最重要的发现，它是挑战"莫维士理论"的有力证据。

20世纪40年代初，美国哈佛大学人类学家莫维士把旧大陆即欧、亚、非的早期旧石器一分为二，左边是以手斧为特征的"手斧文化圈"，范围包括欧洲、非洲和中东及印度半岛，代表一种先进的文化；右边为"砍砸器文化圈"，以砍砸器为特征，缺乏手斧，其范围包括东亚、东南亚和印巴次大陆北部，代表落后的文化。百色手斧的发现，表明莫维士划分的所谓"砍砸器文化圈"内同样存在手斧文化，东亚早期直立人同样具有高超的行为能力和先进的石器制作技术，因而打破了统治学术界长达半个世纪之久的"莫维士理论"，具有极为重要的学术意义。2000年3月，百色旧石器的研究成果——《中国南方百色盆地中更新世类似阿舍利石器

2000年3月，百色旧石器研究的成果在世界顶级学术刊物美国《科学》杂志以百色手斧为彩色封面的形式发表，在国际学术界引起了强烈反响

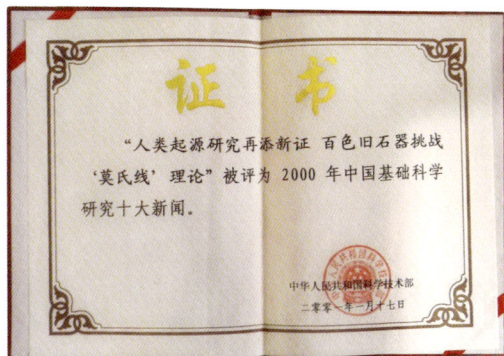

百色旧石器研究成果被中国科技部评为2000年中国基础科学研究十大新闻

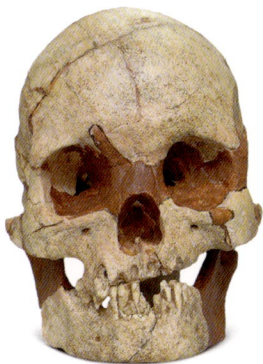

娅怀洞遗址出土人类头骨化石

娅怀洞遗址出土的人类头骨化石是岭南地区迄今为止所发现的唯一具有确切地层层位和可靠测年的完整人类头骨化石，对研究该地区史前人类体质特征、人群的迁徙与交流以及本土民族（壮族）的起源具有非常重要的学术意义。

技术》在著名的美国《科学》杂志发表后，在国际学术界引起了很大的震动。2001年1月，中国科技部将百色旧石器的发现和研究成果，与纳米技术、人类基因组等重大发现一起，评为"2000年中国基础科学研究十大新闻"。

（三）隆安娅怀洞遗址，发现人类化石和古稻遗存

遗址位于隆安县乔建镇博浪村博浪屯的一座孤山上。2014年发现，2015~2018年发掘。文化堆积厚达四五米，跨越旧、新石器时代，年代在距今约45000~4000年。发现一座距今16000多年的墓葬以及一具包括完整头骨在内的人类遗骸；出土上万件石制品和少量蚌器、骨器、陶片等文化遗物以及大量的动植物遗存；此外，还发现距今16000年的野生稻遗存（植硅体）。该遗址堆积深厚，时间跨度长，内涵丰富，完整记录了广西地区史前人类不同时期生产与生活的遗物和遗迹，对于研究当时人类的体质特征，了解当时的丧葬习俗和思维认知能力，管窥岭南地区旧石器时代中晚期的石器技术和文化特点，探讨农业起源等方面具有重大的学术价值。先后入围"2017年中国考古新发现"和"2017年度全国十大考古新发现"。

娅怀洞遗址远景

娅怀洞遗址是中国南方最重要的史前遗址之一。

娅怀洞遗址稻属扇形植硅体

娅怀洞遗址发现距今16000年的稻属植硅体是目前世界上考古发现的年代最早的稻类遗存之一，对研究史前人类利用野生稻的历史具有重要意义。

娅怀洞遗址墓葬主体部分

娅怀洞遗址发现距今16000多年的墓葬是继北京山顶洞人墓葬后在我国发现的第二处旧石器时代的墓葬，也是新中国成立以来发现的第一处这一时期的墓葬，对于研究当时的人类埋葬习俗有很高的学术价值。

娅怀洞遗址出土穿孔石器

娅怀洞遗址出土各种不同原料石制品

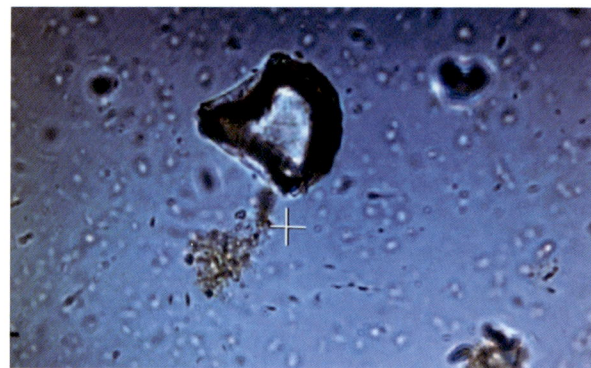

娅怀洞遗址出土骨器

娅怀洞遗址考古发掘项目入围"2017年度全国十大考古新发现"

娅怀洞遗址考古发掘项目入围"2017年中国考古新发现"

（四）白莲洞遗址，跨越旧、新石器时代

　　白莲洞遗址是一处著名的史前文化遗址，位于柳州市郊东南白面山南麓的一个山洞内。1956年发现，经过多次清理和发掘。地层堆积厚达3米，年代距今30000~7000年。该遗址发现两处用火遗迹，2枚人类牙齿化石、500多件石制品、少量陶片以及大量的动物化石。文化遗存分为三期：第一期文化的遗物有打制石器和晚期智人牙齿化石，以及大熊猫—剑齿象动物群化石，年代为旧石器时代晚期；第二期文化含大量的

白莲洞遗址外景

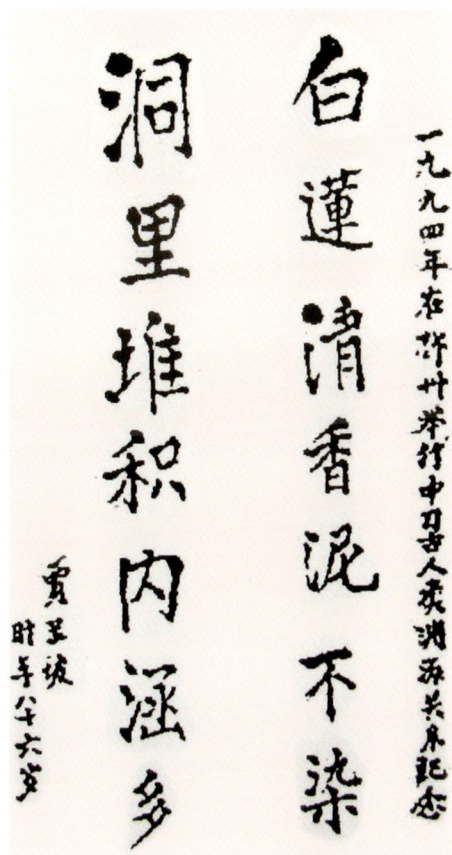

白莲清香泥不染
洞里堆积内涵多
一九九四年在柳州举行中石器人类学术界纪念
贾兰坡 时年八十六岁

著名考古学家贾兰坡院士及为白莲洞遗址的题词
贾兰坡院士是白莲洞遗址的发现者之一。生前特为白莲洞遗址题词："白莲清香泥不染，洞里堆积内涵多"，对白莲洞遗址的重要性给以高度评价。

白莲洞遗址出土人牙化石

白莲洞遗址西部地层剖面

白莲洞遗址地层堆积深厚，文化内涵丰富。

白莲洞遗址出土穿孔石器

白莲洞遗址出土燧石小石器

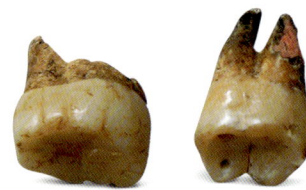

白莲洞遗址出土磨制石锛

白莲洞遗址出土陶片

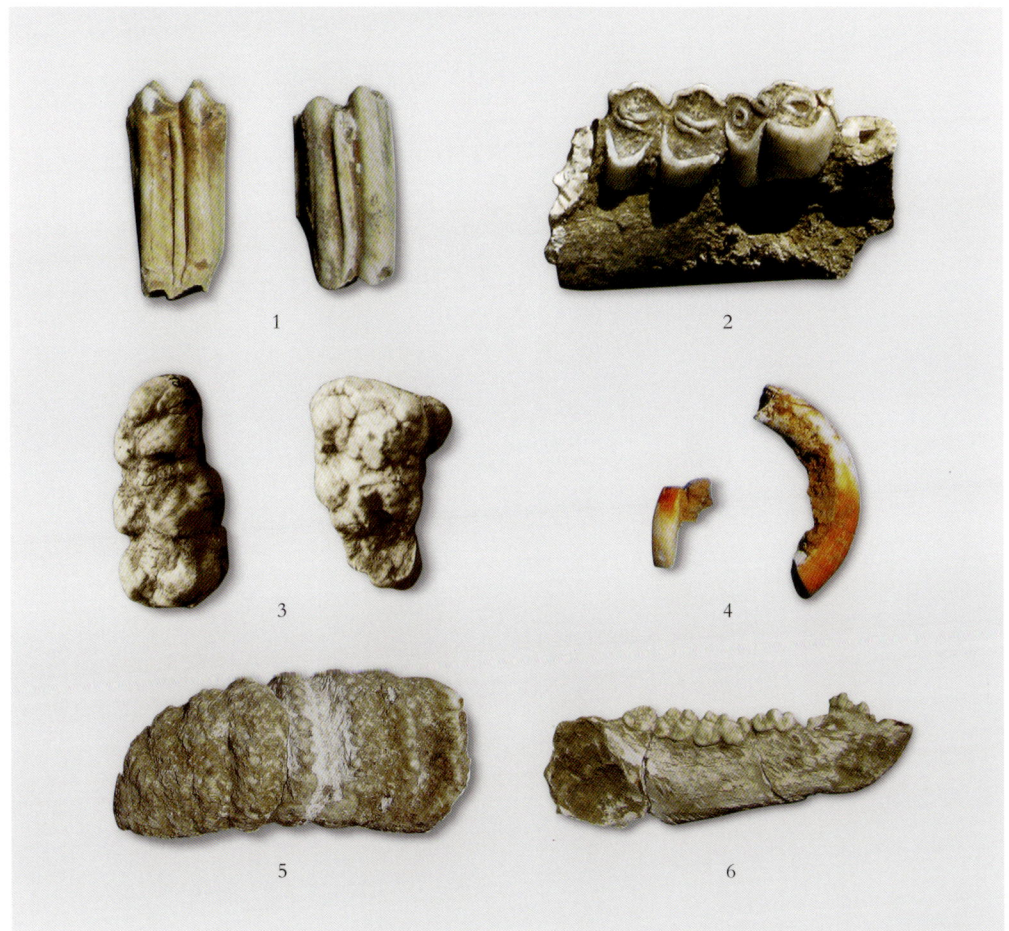

白莲洞遗址出土动物化石
1.野牛牙　2.鹿牙　3.野猪牙
4.豪猪牙　5.大象牙　6.貂下颌骨

打制石器、小量的磨刃石斧和穿孔砾石，属中石器时代；第三期文化除石器外还有陶片，属新石器时代。白莲洞遗址是华南地区更新世晚期至全新世早期的代表性遗址之一，对于研究旧石器时代文化向新石器时代文化的过渡、复原古生态环境具有重要的学术意义。

贰 新石器时代

广西新石器时代考古工作开展较早，早在 20 世纪 30 年代，老一辈考古学家裴文中先生在广西开展洞穴调查中发现一批新石器时代文化遗物，揭开广西新石器时代考古研究序幕。目前广西已发现的新石器时代文化遗址 200 多处，有洞穴、河岸台地、海滨、山坡等类型，涵盖新石器时代早期至新石器时代末期，距今约 12000~3500 年。有桂林甑皮岩洞穴遗址、资源晓锦山坡遗址为代表的桂北区域史前遗存；柳州鲤鱼嘴洞穴遗址、象州南沙湾贝丘遗址为代表的桂中区域遗存；平南相思洲台地遗址、大塘城台地遗址为代表的桂东南区域史前遗存；邕宁顶蛳山遗址、崇左何村遗址为代表的桂南邕江、左江流域史前河岸贝丘遗存；隆安大龙潭台地遗址为代表的桂南区域史前遗存；都安北大岭遗址、百色革新桥遗址、那坡感驮岩洞穴遗址为代表的桂西北史前遗存；东兴亚菩山贝丘遗址和马兰咀贝丘遗址为代表的北部湾区域史前海滨贝丘遗存。这些遗存奠定了广西史前文化研究基础，构建了广西新石器时代发展序列和时空框架，并以重要遗址为研究对象，开展系列课题研究，促使进一步认识广西新石器时代文化的特征和内涵取得了突破性的进展。以洞穴遗存、河岸贝丘、石器加工遗存、大石铲遗存、早期岩洞葬为代表的考古文化遗存具有广西特色，在岭南以及东南亚也具有影响。其中以桂林甑皮岩洞穴遗址为代表洞穴贝丘、以顶蛳山遗址为代表的河岸贝丘遗址、以革新桥为代表的石器加工遗存、以弄山岩洞葬为代表早期岩洞葬、以隆安大龙潭遗址为代表大石铲等考古发掘成果在中国新石器时代考古中占有重要地位，是研究华南及东南亚新石器时代考古学文化的重要资料。

（一）桂东北和桂中洞穴遗址群

广西喀斯特地貌分布区域较广，发育典型，岩溶洞穴众多。洞穴能够遮风挡雨，是早期人类理想的栖息地。洞穴遗址常见大量介壳（螺和蚌）堆积，包含大量的生产生活信息，如墓葬习俗、生产生活用具、饮食方式、原始信仰等。六十年来，广西考古工作者历经多次大规模、小区域洞穴考古调查，发现众多史前洞穴遗存，从旧石器延续至新石器晚期，其中以新石器时代早中期遗址的数量最多，目前发现出土有广西最早的陶器，集中分布在桂东北的桂林和桂中的柳州一带的洞穴中，是广西史前考古的特

甑皮岩遗址洞口

甑皮岩遗址2001年发掘现场

色之一，也是岭南新石器早期考古的圣地。

1973年，甑皮岩遗址首次发掘，出土一批新石器时代早期文化遗存，特别是出土距今约1万年的陶器，是当时已发现的广西年代最早陶器；20世纪80年代，柳州鲤鱼嘴和桂林庙岩试掘，再次发现距今1万年以上陶器，引起学术界关注。2000年前后，桂林大岩遗址、甑皮岩遗址和柳州鲤鱼嘴遗址再次发掘，均出土距今1万年的陶器。多个遗址陶器特征和测年证据表明，广西是中国陶器重要起源地之一，为探索和研究岭南及东南亚陶器起源和发展脉络提供了重要考古学资料，并依此为依据，重建广西新石器时代早中期文化面貌和构建广西新石器时代早中期采集渔猎为主的广谱生业经济模式。

1. 桂林甑皮岩遗址，为桂北史前文化建立了距今12000～7000年的发展演化序列

位于桂林市象山区甑皮岩路甑皮岩洞穴内。1965年发现，1973年首次发掘，2001年再次发掘，理清了甑皮岩遗址文化层叠压关系，获得了大量地层明确的文化和自然遗物，包括陶片、石器、骨器和蚌器等史前人类生活用具、生产工具以及人类食用后遗弃的水、陆生动物遗骸和植物遗存；同时发现墓葬30多座，石器加工点1处，取得了重要的学术成果。其中出土距今12000年原始陶器，是陶器研究的重大发现，甑皮岩

甑皮岩遗址BT2发现墓葬M1

甑皮岩遗址出土陶器

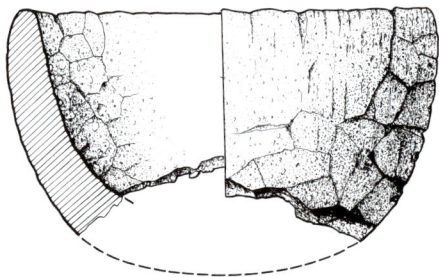

甑皮岩遗址第1期陶釜复原线图

洞穴遗址由此成为华南地区标杆性遗址。

经研究，确定了甑皮岩遗址的年代和考古学文化分期。其最早年代是距今 12500 年，文化分期分为五期：一期距今 12000 ~ 11000 年，二、三、四期距今约 11000 ~ 8000 年，五期距今 8000 ~ 7000 年，为桂北史前文化建立了最基本的发展演化序列。20 世纪 90 年代中期以前，通过对宝积岩、庙岩、甑皮岩等遗址的发掘，基本排出了宝积岩、庙岩、甑皮岩三者之间的早晚关系。其中宝积岩被认为是更新世末期的考古学遗存，庙岩的年代在更新世末到全新世之初，而甑皮岩属于全新世早期。综合以往的考古资料，包括资源晓锦和桂林父子岩等遗址的资料，基本可以重建桂北地区从旧石器时代晚期到新石器时代末期文化发展的序列和年代框架。

2001 年甑皮岩遗址考古发掘荣获 2001 ~ 2002 年度全国田野考古奖二等奖，是年度田野考古学最高奖；编写的《桂林甑皮岩》获中国社会科学院考古研究所第四届夏鼐考古研究成果二等奖、2003 年获国家文物局最佳考古报告奖。系列考古研究成果公布，标志着广西田野考古技术进一步提高，资料整理和综合研究上了一个新台阶。

2. 柳州鲤鱼嘴遗址，为桂中地区史前文化建立了距今10000 ~ 6000年的发展序列

以柳州为中心的桂中区域，曾发现过旧石器时代晚期的柳江人化石及其相关的动物群化石，也有从旧石器时代晚期，经中石器时代到新石器时代的白莲洞遗址，还有

鲤鱼嘴遗址出土陶片

鲤鱼嘴遗址远景

鲤鱼嘴遗址探方剖面

新石器时代鲤鱼嘴洞穴遗址。鲤鱼嘴遗址自 20 世纪 80 年代发现以来也做过发掘和研究，2003 年再次发掘，新获陶片、石器、骨器以及石核、废石片等千余件。对地层重新划分和确认后，将文化层分为中石器时代、新石器时代早期和晚期三个时期，其中第二期的石器以燧石质细小石器和较大的砾石打制石器为主；陶器多为夹粗砂红褐陶，部分为灰褐陶，质地疏松，火候较低，器形以敞口、束颈的圜底（釜）罐类器物为主，器表多饰粗绳纹或中绳纹，部分器物的口沿上压印一周花边，口沿下施一周附加堆纹。年代在距今 9000 年前后。第三期石器以磨制石器为主，燧石质细小石片石器和砾石石器基本不见；陶器则以细绳纹为主，同时出现了轮修技术，表明其陶器制作方法上的进步，其年代明显晚于第二期，大体距今 6500 年。同时，该区域系列田野考古工作开展，如象州南沙湾和娘娘湾贝丘遗址、鹿谷岭等遗址发掘，基本建立起以柳州为中心的桂中地区史前文化发展演化序列。

鲤鱼嘴遗址出土燧石石器

鲤鱼嘴遗址出土砾石石器

顶蛳山遗址墓葬区发掘现场

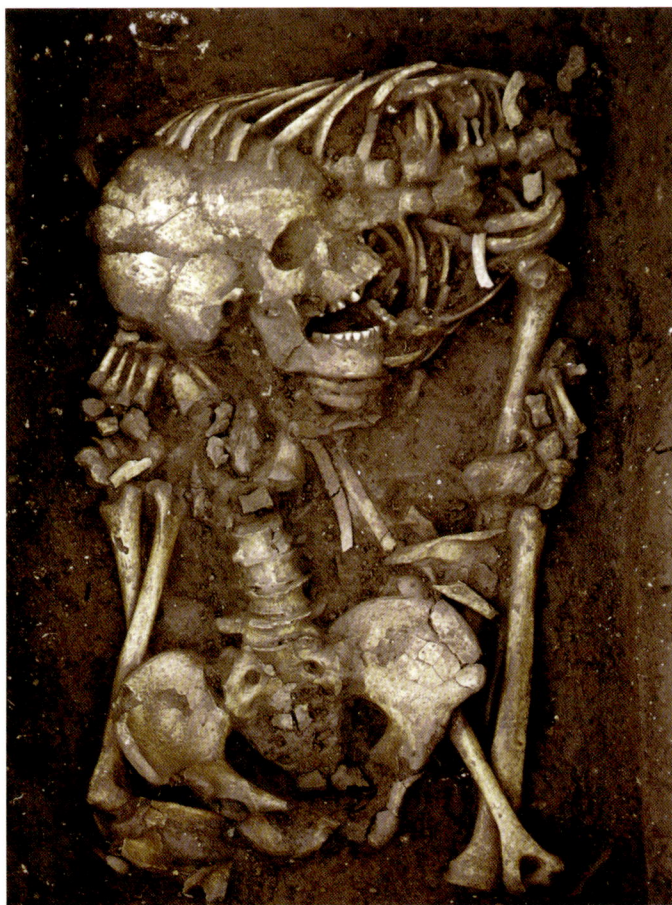

顶蛳山遗址肢解葬

（二）桂南贝丘遗址

桂南贝丘遗址主要分布在桂南的河岸台地和临河的洞穴，以邕江和左江为核心区域，展现独特的史前文化面貌，分布广，影响远。云贵高原、广西右江上游和红水河区域及柳江区域、广东粤西及越南北部均能找到顶蛳山文化的痕迹。根据目前资料，桂南贝丘遗址主要分布在郁江、邕江、左江、右江，象州和武宣一带柳江沿岸也有零星分布，其中以邕江和左江分布最为密集。该类遗址主要堆积物为螺壳，文化遗物有陶器、石器、蚌器、骨器，出土的双肩石器和鱼头形蚌器是该类遗址特色，遗址中除文化遗物外，常见大量墓葬和动植物标本，而墓葬中早期基本不见随葬品，埋葬习俗多样，有屈肢葬、蹲葬、截肢葬，晚期出现石器和装饰品，埋葬习俗出现单一屈肢葬。六十年来，桂南河岸贝丘田野考古研究工作成果丰硕，发掘了大量遗址，主要有南宁的顶蛳山、凌屋、那北嘴、灰窑田、豹子头、秋江，扶绥的敢造、江西岸，崇左江州区的河村、江边、冲塘，龙州的孟命屯和宝剑山A洞等遗址。通过系列考古发掘和研究工作，基本掌握该类遗存文化面貌和分布区域。其中重要遗址有顶蛳山、灰窑田、敢造、何村、冲塘遗址。该类遗存年代距今 8000～5000 年，特征突出，面貌统一。

1. 邕宁顶蛳山遗址，确立了顶蛳山文化

位于南宁市邕宁区蒲庙镇南九碗坡顶蛳山上（今南宁市茶泉大道园博园旁），邕江支流八尺江岸边，1997～1999 年，进行了三次发掘，发现墓葬 331 座，人骨架 400 余具以及成排的柱洞；出土了大量的陶器（片）、石器、骨器和蚌器等史前人类的生活用具、生产工具及人类食用后遗弃的水、陆生动物遗骸。文化层可以划分为四个不同的时期。最下面的一层为棕红色黏土堆积，不含螺壳，出土大量的玻璃陨石质细小石器、石核，少量穿孔石器和陶片，时代距今约 10000 年。往上数的第

二层以螺壳堆积为主，出土陶器、石器、骨器和蚌器以及大量的水、陆生动物遗骸。陶器以灰褐色夹颗粒较大的石英碎粒粗陶为主，器表多饰以篮纹和粗绳纹，器类仅见直口、敞口或敛口圜底罐。骨器、蚌器主要为状似鱼头的穿孔蚌刀。发现少量墓葬，葬式为侧身屈肢、仰身屈肢、俯身屈肢和蹲葬等。倒数第三层堆积仍以螺壳为主，陶器的数量和种类增多，墓葬数量多、分布密集，除屈肢葬外，新出现数量较多的肢解葬。最上面一层为灰褐色黏土堆积，不含螺壳，不见蚌器。陶器以夹细砂为主，轮制技术已开始运用。石器数量较少，以通体磨制的锛、斧为主，新出现通体磨制光滑的双肩石斧。顶蛳山遗址发掘被评为"1997 年度全国十大考古新发现"，广西考古第一次获此殊荣。

　　通过顶狮山遗址考古发掘，初步理清该类型的文化面貌和年代序列，我们将南宁附近的贝丘遗址进行了归纳，以顶蛳山第二期和第三期为代表的文化遗存命名为"顶蛳山文化"，这是广西第一个以本地文化遗址命名的原始文化。顶蛳山文化的主要内涵是：分布范围主要在南宁及其附近地区的左江右江下游、邕江和郁江上游一带，邕江流域是其中心区域。遗址多见于大河及其支流两岸的一级阶地，一般地处河流的拐弯处或大小河流交汇的三角嘴上；文化堆积以含大量的淡水性螺蚌壳和人类食用后丢弃的水、陆生动物遗骸为主；地层堆积一般都在 1 米以上，最厚的达 3 米左右；包含大量的陶器、石器、骨器、蚌器等文化遗物和数量众多的墓葬以及房屋建筑的柱洞等。代表性的遗址有顶蛳山、豹子头、秋江、西津等。陶器以饰绳纹的夹砂陶为主，器形多为近直口、敛口或敞口的圜底釜、罐类；石器以磨制的斧、锛为主；蚌器数量较多，以穿孔的蚌刀为主；骨器主要有磨制较精的斧、锛、铲、锥和鳖甲刀等。其中鱼头形穿孔蚌刀、三角形和饭勺形的蚌匕、骨鱼钩和鳖甲刀是顶蛳山文化

顶蛳山遗址出土鱼头形穿孔蚌刀

顶蛳山遗址第二期陶器

顶蛳山遗址第四期陶器

敢造遗址墓葬

敢造遗址出土打制石器

敢造遗址出土磨制石器

最有特点的器物。盛行单人葬，葬式以各式屈肢葬为主，包括仰身屈肢、侧身屈肢、俯身屈肢和屈肢蹲葬，有一定数量的肢解葬；经济形态以采集、渔猎和捕捞为主。年代约为距今 8000 ~ 6500 年。

2. 扶绥敢造遗址

位于扶绥县城西北约 3 千米的左江北岸台地上。1963 年发现，1973 年试掘，2014 年再次发掘。遗址年代距今约 7000 ~ 3000 年，共分为五期，第一至第三期为贝丘堆积，属顶蛳山文化，出土石器、陶器、骨器、蚌器、墓葬及动植物标本，葬式以侧身屈肢为主；第四期为石器加工场，不见墓葬，但出土有灰坑和柱洞，出土大量石制品，有斧、锛、凿、砺石、研磨器、锤等，以磨制石器为主，伴出陶器；第五期为大石铲遗存，仅见石铲的祭祀坑。敢造遗址最具特色是发现三个不同时代文化堆积及贝丘、石器加工遗存、大石铲，对于研究三者文化关系提供地层学依据，也为左江流域史前文化变迁的研究提供了考古学证据。

敢造遗址出土鱼骨及骨鱼钩等

3. 崇左何村遗址

位于崇左市江州区濑湍镇九岸村何坡屯东部左江的左岸。20世纪70年代调查发现，2007年发掘。遗址年代距今约5000年。出土大量石器、骨器、蚌器和墓葬及动植物标本，葬式以屈肢葬为主。整个遗址仅出土几片陶片，石器以砍砸器为主，磨制石器中研磨器极具特色。墓葬较多出现随葬品现象，有石器，也有象牙。该遗址文化面貌独特，少见陶器，砍砸器特征突出，研磨器独特。左江流域中具有不少类似特征遗址，具有特殊性。

敢造遗址出土大石铲

何村遗址出土石研磨器

何村遗址墓葬

何村遗址出土石砍砸器

何村遗址出土双肩蚌器

冲塘遗址的饮食生活面

冲塘遗址 M13 贝饰出土情况

4. 崇左冲塘遗址

位于崇左市江州区太平镇冲塘村东北面左江岸边。1990 年调查发现，2007 年发掘。出土石器、骨器、蚌器、玻璃陨石、墓葬及动植物标本，未见出土陶器，葬式均为屈肢葬，晚期墓葬随葬石器和装饰品。装饰品由贝类制作而成，为广西史前墓葬发现最早的贝类装饰品。遗址发掘具有三个学术价值：

第一是未见出土陶器。冲塘遗址目前为广西所见新石器时代贝丘遗址中唯一不见出土陶器的遗址，对于研究当时生活习俗具有重要意义。

第二是晚期地层所见装饰品，其中有海贝，从而证明，距今约 5000 年，内陆地区和北部湾沿海存在密切文化联系，对于研究海洋文化和内陆联系提供了考古学证据。

第三是遗址墓葬中发现仅随葬颅骨现象，对于研究史前文化宗教习俗和墓葬习俗具有参考意义。

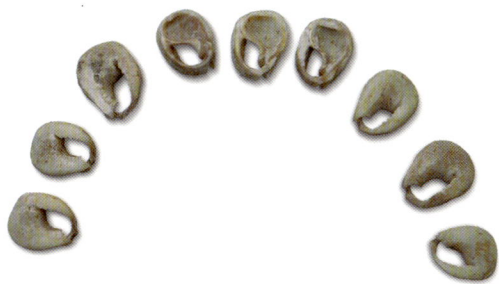

冲塘遗址M6出土装饰品

冲塘遗址出土玻璃陨石

冲塘遗址出土石器

（三）史前时器加工场

2000 年前，史前石器加工遗存在广西未被认识和重视。2002 年革新桥遗址发掘，揭露出新石器时代中晚期石器加工场，因遗址极具特色，田野工作扎实，资料收集齐全，荣获"2002 年度全国十大考古新发现"和"国家文物局田野考古奖"。随着田野发掘技术和工作理念提高，2002 年后考古发掘中，广西不断发现新石器时代石器加工遗存，目前发现有革新桥、北大岭、相思洲、长冲根、大塘城、敢造、百达等遗址。该类遗存主要分布在河流台地，目前形成四大区域，以大塘城为代表的浔江流域，以革新桥为代表的右江区域，以北大岭为代表的红水河区域，以敢造为代表的左江区域，时代从距今 8000 ~ 5000 年。目前该类遗存既有一致性，也存在区域差异。浔江流域石器加工遗存常见大量陶器共存，不见墓葬；左江、右江、红水河区域石器加工遗存少见陶器，但出土具有顶蛳山文化因素屈肢葬埋葬习俗。左江、右江、红水河之间也存在差异，左江敢造遗址和红水河少见砍砸器和不见凹刃磨制石器，右江常见砍砸器和凹刃石器；红水河和浔江不见保龄球形研磨器，右江和左江常见。尽管发掘众多新石器时代加工遗存，但因过往研究积累不足，对该类遗存的认识不够深入，诸多学术问题亟须解决。

1. 百色革新桥遗址

位于百色市百色镇东笋村百林屯东南面的台地上。2002 年 10 月至 2003 年 3 月，因百色至罗村口高速公路工程建设而发掘。

革新桥遗址遗迹主要有大型石器制造场，出土数以万计的石制品、少量陶器及一批动植物遗存。石器制造场位于发掘区的东部，揭露面积约 500 平方米，出土大量制作石器的原料、石锤、石砧、砺石等加工工具，砍砸器、石斧、石锛等不同制作阶段的产品，以及断块、碎片等。石制品成片分布，密密麻麻，中间没有间断。石器制造场内，有许多分布相对集中的石制品，以石砧为中心，其他石制品散布在周围。有的石砧的一边分布有少量的石制品，甚至没有石制品，而另一边则散布许多石制品，其散布面近似扇形，石砧就在"扇"的把端，似乎表明缺少石制品的一边是石器制作者所在的位置。

石器制作场的北部还发现红烧土碎粒、炭碎、果核碎片、动物骨头和牙齿。动物遗骸相对集中，形成堆状，骨头多呈片块状，成段的骨头很少，有兽骨成堆的地方，往往发现有若干砾石、锋利的石片、砍砸器等石制品。这些石制品可能与屠宰动物有关，整个石器制作场基本位于同一平面上，并略向东南倾斜。

根据地层堆积关系及出土遗物的特征，其年代应为新石器时代中晚期。文化遗存

革新桥遗址位置与环境

革新桥遗址石器制造场发掘清理现场

革新桥遗址石器制造场石砧及周围石制品的分布
（圆圈部分推测是石器制作者的作业位置）

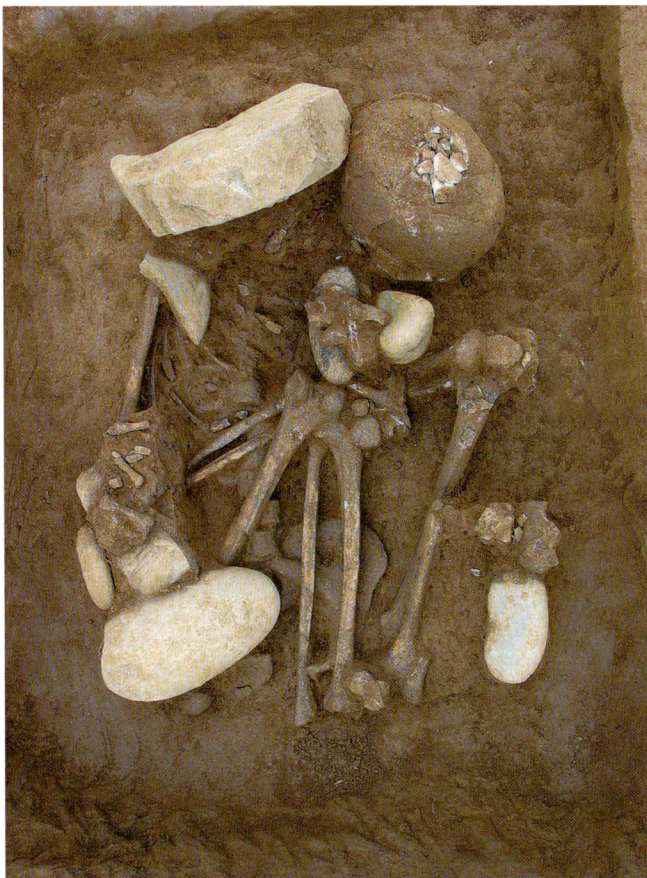

革新桥遗址墓葬M1

革新桥遗址出土石璜

革新桥遗址出土凹刃石凿

可分为两期。通过 ^{14}C 测定，第一期的年代为距今 6000 年，第二期的年代为距今 5500 年。

　　石器制造场遗址的发现，填补了广西此类遗址的空白。作为单一地点的石器制造场遗址，其规模之大、石制品之丰富、保存之完好，全国罕见。石器制造场内出土大量的原料、制作工具、不同制作阶段的产品及废料等，对研究当时制作石器的流程、制作工艺和技术等方面具有很高的学术价值，同时还首次在百色市发现了新石器时代的墓葬。

　　革新桥遗址的发掘对于了解遗址所在地区古人类的生产活动、经济生活、生存与环境以及与周边地区古代文化的关系等具有很重要的学术意义，同时也为研究史前石器制作技术与工艺提供了珍贵的实物资料。该遗址

革新桥遗址出土石研磨器

的发掘被评为"2002 年度全国十大考古新发现"。

2. 都安北大岭遗址

位于都安瑶族自治县百旺乡八甫村那浩屯东南，处红水河与刁江交汇处。2004 年 6 月至 2005 年 5 月配合乐滩电站建设发掘，揭露出面积 1500 平方米的石器制造场，发现新石器时代中期、晚期至战国、汉代的文化层。

新石器时代中期，出土石器、陶器、动物遗骸和果核等，遗迹主要有石器制作场和墓葬。石器加工场规模远大于革新桥，制作场内密集分布大量的石制品。石制品不见双肩石器，仅见极少量的砍砸器。类型包括斧、锛、凿、研磨器、石刀、砺石、石砧、石锤、砍砸器、刮削器、石片及大量的石料、断块、碎片等。陶器仅见夹砂陶，火候较低，多采用泥片贴筑法，器形多为敞口圜底釜；以夹砂红褐陶为主，有少量的褐陶及黄褐陶；纹饰以粗绳纹为主，有个别中绳纹及细绳纹；胎壁大多较厚。动物骨骼初步可看出的有牛、鹿、竹鼠、猴等。同时发现较多的炭化果核。墓葬葬式以屈肢葬为主，也有肢解葬。年代应属于新石器时代中期偏晚阶段。

新石器时代晚期，主要发现灰坑等遗迹，遗物主要有陶器、石器和玉器。陶器完整器较少，胎壁较薄，有泥质和夹细砂两种；陶色有红、褐、红褐、灰褐、黑褐；纹饰主

北大岭遗址墓葬M27

北大岭遗址石器制造场全景

北大岭遗址出土陶高领罐

北大岭遗址出土石制品

要为细绳纹，其次为刻划纹；圈足多有镂孔。器形多圜底和圈足，主要有高领罐、带耳罐、小罐、小钵、盆等，以高领罐居多，有敞口、直口，器物的肩、领中部有一道装饰花边，有的为一道凸棱。石器以双肩石器为主，器形有铲、斧、锛等，均通体磨光。本期石器中，除个别体形较大的石铲外，斧锛一类的石器体形均较小，但磨制较精细。玉器有环、月牙形穿孔玉饰及梯形穿孔小玉石饰片等。所发现的双肩石器坑，为探讨广西大石铲的起源找到了新的证据。

3. 桂平大塘城遗址

位于桂平市浔旺乡大塘城村西面浔江右岸台地上。有新石器时代和汉代两个时期。主体为新石器时代，分早晚两段。出土大量石器、陶器。早段石器有砍砸器、刮削器、斧、锛、凿及其毛坯以及砺石、石砧、石锤、石核、石片等。石器以打制为主，砍砸器比例高，除成型石器外，还发现大量石料断块及碎片、打制过程中产生的废料。砍砸器多采用横长条形砾石制作而成，以侧面连续单向打制刃部为主，端部加工刃部者较为罕见，刃部一般较宽，部分砍砸器在两端或一端形成一个尖。另

北大岭遗址出土陶器

大塘城遗址石制品出土情况

大塘城遗址④层下F2002柱洞

外还发现少量采用剥片方式制作的砍砸器，这类石器一般采用圆形或椭圆形砾石由一侧（或一端）向另一侧（或另一端）一次性打下一块较大石片。陶片数量较多，绝大多数为夹细砂陶，有红陶、红褐陶、黄褐陶、褐陶及黑褐陶几种，以红陶居多；纹饰以粗绳纹为主，其次为附加堆纹及锯齿状花边纹，有少量乳丁纹；未见完整陶器，从口沿看有折沿、直领、敞口和卷沿几种，以折沿居多，口部多饰锯齿状花边，不少陶器颈部或腹部饰有锯齿状附加堆纹。晚段有陶片和石器两种，类别有砍砸器、刮削器、斧、锛、凿及其毛坯以及砺石、石锤、石片等。与前段相同，地层也发现大量砾石、石片、断块等废料；石器同样以打制为主，器形多为砍砸器；陶片发现不多，以灰黑陶为主，纹饰仍以绳纹为主，其次为篮纹，少量附加堆纹，不见锯齿状花边；所见口沿均为折沿。大塘城新石器时代遗存作为浔江流域一种新的考古学文化遗存，其特征是：石器以打制为主，尤以侧刃砍砸器居多，磨制石器不突出；陶器以夹细砂绳纹红陶为主，有部分附加堆纹、篮纹及乳丁纹；口沿以折沿为主，有部分敞口、直领和卷沿，口沿多饰锯齿状花边，颈部及腹部附捏塑附加堆纹。

大塘城遗址出土陶器

大塘城遗址出土陶器

大塘城遗址出土石砍砸器

（四）稻作农业起源探索

史前时期广西是否存在稻作农业一直是学术界探讨的热点。从广西考古学资料看，新石器时代早期和中期，是以采集渔猎为主的广谱经济生业模式，块茎类植物采集成为当时农业主要方式，而稻作农业未在当时经济生活中占据主导地位。直到距今5000年左右，广西可能出现原始稻作农业生业模式，桂北区域受洞庭湖地区影响，出现稻作农业，以资源晓锦遗址为代表。桂南地区的邕宁顶蛳山遗址第四期土样标本分析亦提取大量水稻植硅石，疑似与稻作农业有关；钦州独料遗址发现成套工具——石磨盘和石磨棒，并共存出土大石铲，而以大石铲为主体的遗存中，广泛分布在桂南区域，以邕江、左江、右江三角地带为中心区域，典型遗存有隆安大龙潭遗址。磨盘和磨棒加工工具一般认为是与农业密切相关，大石铲也应与农业相关。距今5000年，是广西史前文化分水岭，是广谱经济向农业经济过渡的重要阶段，而隆安娅怀洞遗址发现距今2万年以上的疑似水稻植硅体样品，为探索广西农业起源问题提供了新的思路，也为研究广西史前稻作农业发展提供了目标。

1. 资源晓锦遗址，探索五岭南北的文化交流，发现5000年前的炭化稻米

位于资源县延东乡晓锦村。1997年当地村民取土烧砖时发现的，1998年10月~2002年10月四次发掘，揭露面积600多平方米。在遗址中发现居住遗迹、柱洞、灰坑、土台、堆烧窑址和墓葬，显示了一个原始聚落遗址的风貌，文化内涵与邻近地区的原始文化相比，自身特点鲜明，经 ^{14}C 测定，其年代距今5000~4000年，属新石器时代晚期。通过晓锦遗址，获得一批石器加工技术资料，包括切割石料的石锯，用石锯切割后残留切割槽的石料和制作成功的石器，打孔的石钻头，经钻孔的石器和残件，加工磨制石器的砺石。这为研究石器制作工艺提供了一批比较完整的实物资料。在遗址文化层的灰土中淘洗出炭化稻米3万多粒，经广西农业科学院品种资源研究所鉴定，是

晓锦遗址发掘现场

晓锦遗址南区遗迹

晓锦遗址出土陶碗

0   1厘米

晓锦遗址出土炭化稻米

晓锦遗址墓葬

较原始的栽培粳稻，其中也有籼稻，还有一种小粒型粳稻。这一发现，不但为广西早期稻作农业找到了实物例证，填补了原始稻作农业考古发现的地区空白，也为探索稻作农业的起源提供了新的线索。晓锦遗址地处南岭山脉越城岭腹地北麓，是长江和珠江两大流域水系的交通孔道之一，它所代表的文化对研究南岭南北文化交流具有重要意义，同邻近地区的原始文化相比，有自己鲜明的特色，可以确认为桂北地区新石器时代的一种新型原始文化，为建立广西史前文化的时空框架找到了一个新的坐标。

2. 隆安大龙潭遗址，揭开大石铲的神秘面纱，展示了原始社会农业祭祀形式

　　大石铲最早发现于 20 世纪 50 年代，在 1962 ~ 1965 年的文物普查中，先后在桂南地区发现出土大石铲的遗址和地点 60 多处，主要集中在左、右江汇流之处，隆安、扶绥、南宁之间的丘陵地带，陆续发掘的遗址有扶绥县那淋屯、崇左县吞云岭以及隆安县乔建镇大龙潭、秃斗岭、大山岭、麻风坡、雷美岭、谷红岭，古潭乡内军坡，那桐镇定出岭，田东作登乡利老等遗址。结合 ^{14}C 测定年代，推测这类遗址是距今 4000 年新石器晚期的农业文化遗址。

　　大石铲遗存是广西最具特色的史前文化类型之一。其石铲以短柄、双肩、弧刃为主要特征，最大者长达 70 余厘米，重达数十千克；同时也发现体形细小的石铲，最小者仅长数厘米，重数十克。刃口大多没有使用痕迹。发现遗迹较少，出土遗物以石铲

大龙潭遗址 I 区探方分布

大龙潭遗址石铲祭祀场发掘现场

大龙潭遗址石铲祭祀场

大龙潭遗址出土带袖石铲

为主，伴出少量其他石器、陶器等遗物。已发掘的遗迹表明，石铲多以一定的组合形式如直立、斜立、侧放、平放等放置，而以刃部朝上或柄部朝上的直立或斜立排列组合形式最引人瞩目，有的用石铲围成一定形状，如圆形、凹字形等。大大小小的石铲，有的是农业生产工具，有的为非实用器具，而是专为祭祀制作的礼器，特别巨大和特别精美的那些石铲则是部落酋长的权力重器和身份象征。2015 年再次发掘大龙潭遗址，发现一处大型石铲祭祀遗存，进一步证明这种遗址是新石器时代晚期与祭祀活动有关的文化遗存。田东利老遗址，出土一件精美小型石铲，进一步凸显大石铲权力和礼器的性质。

3. 钦州独料遗址，进入农业社会

随着人类对自然世界认知的进步，人类可以在离河岸较远、地势平缓的山坡上进行生产、生活，广西的山坡遗址多发现于桂林、贺州和钦州等地。生业模式以稻作农业为主，年代属新石器时代晚期，代表性遗址有钦州独料遗址。

钦州独料遗址发现灰坑、灰沟、柱洞等遗迹和石器、陶片、果核等遗物。出土大量的磨制石器，如斧、锛、凿、锤、锄、镰、铲、犁、杵、磨棒、磨盘等，多为农业生产工具和粮食加工工具。另有少量的打制石器。从出土大量的石斧、锛、锄、铲、犁、刀等农业工具和石磨盘、磨棒等谷物加工工具来看，这里的居民主要从事农业经济。出土陶祖可能意味进入父系氏族社会。遗址年代距今约 5000~4000 年，出土的大石铲和石磨盘既显示与隆安及扶绥等地的大石铲遗存的关系，也预示该区域可能出现稻作农业。

（五）海滨贝丘遗址，史前时期海洋文化交流的聚集区

贝丘遗址可分为洞穴贝丘、河旁贝丘、海滨贝丘遗址。广西海滨贝丘遗址最初发现于 20 世纪 50 年代末，主要分布于北部湾海边及附近地区，包括东兴的亚菩山、马兰咀、杯较山，防城的蟹岭、番桃坪、社山、大墩岛，钦州的上羊角、芭蕉墩，北海白虎头的高高墩等遗址。遗址以人类饮食后集中丢弃的海生贝、螺的硬壳废弃物为主的人工堆积，共存出土打制石器、磨制石器、骨器、蚌器和陶片。其中以打制石器为最普遍的生产工具，器形以具备尖端和厚刃的蚝蛎啄石器为最典型。年代应为新石器时代中晚期，经济生活以采蚝、捕鱼为主。根据东兴社山遗址清理情况，该遗址出土较多小石片工具，与福建东南沿海所见海滨贝丘遗址类似，因此，东南沿海和北部湾沿海史前文化，可能与东南沿海史前文化扩散有关，是中国海洋文化早期探索者。东南沿海史前文化向南太平洋扩散，一般认为是以海洋岛屿为基点，跳跃式跨海传播，但北部湾存在的海滨贝丘遗址表明，新石器时代晚期，东南沿海文化，可能还存在以陆地为

大龙潭遗址K15

大龙潭遗址K2

支点，逐渐向东南亚扩散的路线。因此，北部湾区域发现海滨贝丘遗址，为探索中国东南沿海史前文化向南太平洋的扩散，为探索史前时期东南沿海与南太平洋文化之间的关系，以及为探索人类生活方式的变化提供了思路。

（六）那坡感驮岩遗址，见证青铜文化的向南传播

感驮岩遗址位于那坡县城人民公园内后龙山脚下感驮岩洞穴，洞内南侧有一泉水流出，注入洞前小溪。1958 年农民进洞积肥，采集到一些磨制漂亮的石器，经实地考察鉴定，是一处原始文化遗址。1962 年进行了试掘，清理出一些石器、陶片和动物遗骸，将这处遗址列为文物保护单位。1997 年 8 月至 1998 年 1 月作抢救性发掘，揭露面积 380 平方米，发现墓葬 3 座、灰坑 1 个、用火痕迹多处，完整的石、骨、蚌、陶器千余件。文化堆积时间跨度较大，距今约 4700~2800 年。可分两期，第一期是新石器时代晚期，陶器均为手制的夹砂陶，火候较高，部分器物着火不均，器表颜色斑驳不一，陶色以灰、灰黑色为主，部分红褐色；流行圈足、三足和圜底，主要器形有罐、釜、杯、杯形鼎等；纹饰以绳纹为主，还有篮纹、乳丁纹、锯齿状附加堆纹、复线水波纹、短线纹、"S"形纹、戳印篦点纹和菱形镂孔等，文化面貌与武鸣弄山岩洞葬、武鸣岜旺岩洞葬、马山六卓岭、都安北大岭新石器时代晚期、大新县歌寿岩遗址及邕宁县顶蛳山遗址第四期有些相似。第二期为青铜时代早期，出土器物包括石器、玉器、骨器、陶器等。主

感驮岩遗址出土陶圈足壶

感驮岩遗址外景

感驮岩遗址出土骨牙璋

要特征以精致的磨制石器为主，陶器仍为手制夹砂陶，部分器物火候很高；陶器仍流行圈足、圜底，以圜底器为主，不见三足器；器形种类增多，包括罐、釜、杯、盆、壶、簋、尊等，另外还有数量较多的施刻同心圆纹的陶纺轮；纹饰仍以绳纹为主，各式的刻划纹也比较流行，戳印篦点纹增多，附加堆纹少见，表面磨光的陶器大量出现，保留在绳纹上施刻划纹的风格，新出现彩绘和戳印、刻划组合纹；骨器数量丰富，包括铲、锥、匕、簪和1件牙璋，年代相当于中原地区的商时期。牙璋是商时期用于祭祀、聘礼和盟誓活动的礼器，是王权的象征，感驮岩遗址牙璋的发现，说明广西西南部已迈入文明门槛，对探讨广西文明起源具有极其重要意义，该遗址接近中越边境，是透视东南亚古代文化的重要窗口。

感驮岩遗址的发掘，为研究广西新石器时代文化和青铜文化的发展与演变提供了新的重要线索；骨牙璋的发现，证明广西西南部早在夏商时期就与中原地区有比较密切的联系，而石范的发现，昭示广西青铜文化的先声。

感驮岩遗址出土陶三足杯

感驮岩遗址发掘现场

叁　先秦时期

夏商周时期，广西属百越之地，迈入初始文明。广西先秦时期考古工作成果主要是发现和发掘一批墓葬和遗址，主要类型有土坑墓、岩洞葬、遗址。先秦时期广西有独特的青铜文化，同时也受到中原、楚、吴越等周边文化的影响。

（一）几何印纹陶文化

通过调查，桂东地区先秦时期流行几何印纹陶，陶器以装饰几何形印纹为主要特征，纹饰以拍印的云雷纹、曲折纹、夔纹、米字纹、方格纹为主。几何印纹陶代表了江南地区一种独特的文化，与长江以北其他地区的古代文化有区别，属于越文化系统。广西几何印纹陶的花纹装饰很可能是在中原地区青铜文化影响下发展起来的，而且以夔纹、雷纹为主的几何印纹陶可能通过广东北部地区传入。

先秦时期的墓葬共清理发掘了约500座。以柳江为界划分为桂东和桂西两大区域，这两大区域先秦文化是探索西瓯和骆越重要的考古学资料，也是探索岭南融入中原文明的重要材料。

（二）马头先秦墓群，骆越的再现

桂西区域先秦青铜文化的考古发现以发掘武鸣马头元龙坡、安等秧墓地为最重要，还有田东南哈坡和大坡岭战国墓，武鸣、来宾、忻城、大化、宜州、龙州等地岩洞葬等。

1985 年 3 月至 1986 年 3 月，在马头元龙坡和安等秧发现一群先秦墓葬，发掘清理436座，出土文物1200多件。这是广西首次发现时代跨越西周、春秋至战国的三个时代的墓群。从墓葬形制到随葬品，地方特征相当明显，是骆越人青铜文化。

1. 元龙坡墓地

在元龙坡清理 350 座西周至春秋墓，绝大多数为小型狭长形竖穴土坑墓，部分墓葬有二层台和长方形、半圆形侧室。墓葬分布密集，排列整齐，填土经夯实，有的墓坑经烧烤，随葬品一般只有三四件，有被故意打碎分置多处的习俗。随葬器物有陶、

元龙坡墓地发掘现场

元龙坡墓地出土石范

元龙坡M33出土铜盘

元龙坡墓葬M258

元龙坡M318出土玉环

元龙坡M147出土铜卣

元龙坡M318出土玉管饰

元龙坡M349出土陶釜

元龙坡M311出土铜匕首

元龙坡M325出土玉饰

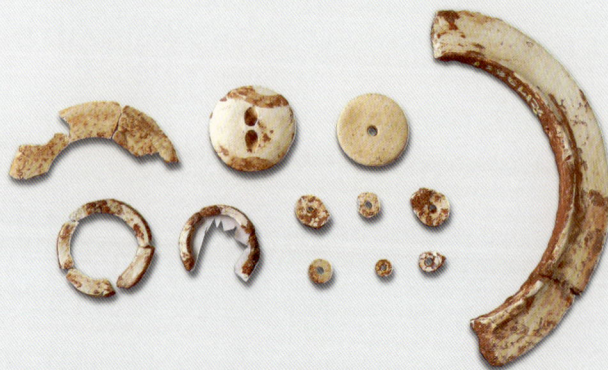

元龙坡M318出土玉佩饰

铜、玉、石等质料的生活用具、生产工具、兵器、佩饰等。陶器以夹砂陶为主，器形绝大多数为圜底，有少量圈足、平底器，种类有折沿釜、敞口折沿圜底罐、敞口深腹圜底罐、敞口圜底钵、敞口平底钵、小口罐、圈足壶、圈足碗、圈足杯、纺轮等，器表多经打磨，素面为主，有彩绘陶。铜器种类有盘、卣、矛、钺、斧、剑（匕首）、刀、镞、针、圆形器、凿、镦、铃、钟、链环等，玉器有环、钏、玦、管饰、穿孔玉片、坠、扣形器、方形玉片、镂孔雕饰、凿等，石器有范、砺石等。随葬品中青铜器有浓厚的地域特色，代表性的有镂孔细纹匕首、圆尖顶长舌圆形器、圆銎长骹矛、"风"字形钺、斜刃铜钺、新月形刀、桃形镂孔镞等，同时发现一批铸造青铜器的石范，说明当时已有了青铜冶铸业。经 ^{14}C 年代测定，最早为距今 2960 ± 85 年，最晚为距今 2530 ± 100 年，年代为西周至春秋时期。武鸣马头元龙坡先秦墓葬群对探讨广西青铜文化的渊源和骆越社会具有重要意义。

2. 安等秧墓地

安等秧在元龙坡西南约 1000 米处，发掘了 86 座战国墓，均为规模较小的长方形竖穴土坑墓，填土经夯打，较坚硬。随葬品简单，最多的 14 件，少的 1～2 件，有约 1/3 的墓没有随葬品。随葬器物一般为实用兵器、生产工具、生活用具和少量装饰品。陶器中的敞口圜底夹砂陶釜，与元龙坡所出相似，另有泥质陶罐、杯、钵和纺轮。罐饰拍印方格纹、米字纹、刻划水波纹、弦纹、篦点纹，有的在底部或肩部有刻划符号。铜器以斧、剑最多，还有矛、钺、镞、刮刀、镯、钏、铃、带钩。其中圆首圆茎一字格剑、铃等具有滇文化因素，余与桂东战国墓所出相似。

武鸣马头先秦墓群是百越民族骆越人的墓地，出土的文物对探讨骆越提供了丰富的实物资料。

安等秧战国墓M13

安等秧战国墓出土铜剑

安等秧战国墓出土铜铃

安等秩战国墓出土陶罐

安等秩战国墓出土石璜、石玦

银山岭战国墓发掘

（三）平乐银山岭战国墓，西瓯越人的再现

先秦时期广西东部越人青铜文化当以发掘平乐银山岭战国墓最为重要，1974 年发掘战国墓 110 座，出土遗物 1400 余件；还发掘了岑溪花果山、贺州高屋背岭等墓葬。通过发掘认识了广西东部越人青铜文化面貌，墓葬盛行长方形土坑，墓室底部普遍设置腰坑，随葬品组合比较规范，以实用器为主，基本上没有礼器。青铜器地域特征明显，以扁茎短剑、双肩铲形钺、竹叶形刮刀和盘口鼎最为突出。

1974 年，广西壮族自治区文物工作队组织了平乐银山岭古墓群发掘，清理 165 座古墓，其中有战国墓 110 座，汉墓 45 座，晋墓 1 座，出土陶器、铜器、铁器、铜铁合制器和玉石器共 1044 件。其中战国墓均为规模较小的长方形竖穴土坑墓，填土经过夯打，少数墓底铺有白膏泥或炭末、河卵石等，有的墓底有方形、长方形或圆形的腰坑，腰坑内放置一件陶器。随葬品以实用器为主，基本上没有礼器，其基本组合为铜兵器（或陶纺轮）、生产工具和生活用具。铜兵器一般是剑、矛、镞，生产工具见锄、刮刀等，生活用具有鼎、盒、杯。其中青铜的扁茎短剑、重肩铲形钺、靴形钺、竹叶形刮刀、变形"王"字纹矛、禽首柱形器、盘口鼎，陶罐形鼎、米字纹瓮等都是具有浓厚地方特色的器物。平乐银山岭处在百越族群中越人分支 —— 西瓯的活动范围，银山岭战国墓群的发掘，为探索西瓯越人文明提供了考古学依据。

银山岭战国墓出土陶三足罐

银山岭战国墓出土铜鼎

银山岭战国墓出土陶罐

银山岭战国墓出土"江口"铜戈

银山岭战国墓出土陶盒

（四）田东战国墓群，滇文化与骆越文化融合的通道

　　田东战国墓群位于田东县祥周镇至林逢镇一带右江左岸南昆铁路两侧坡地，目前确认祥周的锅盖岭、大索、南五及林逢大岭坡地点属于春秋战国墓地。该区域战国墓具有特色，常见随葬铜鼓，有万家坝型和石寨山型，除铜鼓外，随葬有青铜的罍、编钟、短剑、钺。田东战国墓群少见陶器，青铜器中常见出土铜鼓，文化内涵与武鸣马头和桂东北所见存在差异，学术界有认为是骆越文化，也有认为是与句町国有关。除田东墓出土青铜器外，在右江也常见出水青铜器，以剑和戈兵器类为主，青铜器特征具有滇文化因素。田东战国墓群出土及右江出水青铜器为探索该区域古代族群关系及佐证右江河谷在春秋战国时期存在灿烂的青铜文化提供了实物资料。

大岭坡墓葬出土西周铜甬钟

大岭坡墓葬出土战国铜鼓

锅盖岭墓葬出土战国铜短剑

锅盖岭墓葬出土战国铜矛

锅盖岭墓葬出土战国铜戈

南五墓葬出土西周铜罍

南五墓葬出土战国铜鼓

南五墓葬出土战国铜鼓

南五墓葬出土战国铜双耳穿孔棺木连片

（五）先秦岩洞葬，富有地域特色的文化现象

岩洞葬是一种特殊埋葬习俗，先秦时期以前是洞葬，汉以后逐渐形成"悬棺葬"。岩洞葬除广西外，在贵州、云南、江西等地均有发现。广西岩洞葬最早出现在距今4000 年左右，以武鸣弄山岩洞葬为代表，主要分布在武鸣和马山永州周鹿一带，起源何地何时，目前未能获取直接考古学证据。作为一种特殊葬俗，新石器时代岩洞葬随葬的陶三足器、陶圈足器及大石铲与周边遗址密切相关；商至西周时期，以敢猪岩岩洞葬和岜马山岩洞葬为代表，陶圈足壶、石戈（或青铜戈）、凹刃石器为典型器物，与北方文化联系逐渐加强。广西先秦岩洞葬主要分布在红水河和左江区域，战国时期岩洞葬的陶器衰落，青铜兵器盛行，分布区域扩散，并向桂东和桂北发展，形成一种独特文化面貌，融入到广西战国时期青铜文化中。经过发掘清理的典型先秦岩洞葬有南宁武鸣敢猪岩、弄山、独山、岜旺岩洞葬，灵川水头村、富足村及贺州龙中岩洞葬。

1. 武鸣弄山岩洞葬

位于南宁市武鸣区仙湖镇邓吉村雷蓝屯弄山山洞。2003 年发现并发掘，距今约4000 年。出土大批陶器、玉石器、装饰品以及人类遗骸和动植物标本。陶器有圜底器、圈足器、三足器，装饰细绳纹和刻划纹组合极具特色，是广西新石器晚期陶器典型器物，石器以大石铲为主，玉器以双肩锛为主。弄山岩洞葬中，大量陶器和大石铲共存，其中三足陶器和复杂多样陶器纹饰、精细加工玉质石器的发现，揭示新石器时代晚期桂南区域以大石铲为载体史前文化的高度发达。

除弄山岩洞葬外，近年在马山永州镇开展洞穴调查中，也在洞穴内出土大石铲，揭示大石铲与岩洞葬密切关系，对于研究大石铲遗存内涵具有重要意义。

弄山岩洞葬出土陶镂空圈足壶

弄山岩洞葬出土陶三足罐

弄山遗址远景

弄山岩洞葬陶器出土情况

2. 武鸣敢猪岩岩洞葬

位于南宁市武鸣区马头乡那提村敢猪山洞穴内。1974年发现，2006年发掘清理。年代上限为新石器时代末期，主体为商晚期。随葬品有陶器、玉石器、青铜、骨器、牙器、海贝等。陶器有圈足壶、双耳圈足杯、圜底罐、钵、豆、簋、盘、纺轮；石器有锛、凿、钺、刀；玉器有锛、凿、玦、环、镯、璜、管饰和穿孔玉片。

敢猪岩岩洞葬出土陶豆

敢猪岩岩洞葬发掘现场

敢猪岩岩洞葬出土玉环

敢猪岩岩洞葬石器出土情况

敢猪岩岩洞葬出土玉串饰

3. 武鸣岜马山岩洞葬

位于南宁市武鸣区鲁翰镇覃内村岜马山洞穴内。1986 年发掘,年代为商晚期。随葬有陶器、玉石器、小石子。陶器有圈足壶、圜底罐、双耳圈足罐、纺轮;玉石器有锛、凿、戈,凿多凹刃。

岜马山岩洞葬出土石戈

岜马山岩洞葬出土凹刃玉凿

岜马山岩洞葬出土陶壶

岜马山岩洞葬出土陶釜

岜马山岩洞葬出土磨光陶罐

4. 武鸣独山岩洞葬

位于南宁市武鸣区两江乡独山屯与伏帮屯之间。随葬铜器、陶器、玉器和石器。铜器主要有兵器剑、钺、戈、矛、镞和生产工具斧、刮刀，陶器只有钵，玉器只有钏。年代为春秋战国时期。

独山岩洞葬出土铜戈

独山岩洞葬出土铜矛

独山岩洞葬出土铜钺

独山岩洞葬出土石钏

5. 灵川水头村岩洞葬

位于桂林市灵川县海阳乡水头村牯牛山西北坡的岩洞里。北侧有小溪流入湘江上源海阳河，1991年9月发现，出土青铜钺、戈、矛、短剑、斧、镞等兵器。

水头村岩洞葬出土铜戈

水头村岩洞葬洞口

水头村岩洞葬出土铜矛

水头村岩洞葬出土铜钺

6. 灵川富足村岩洞葬

位于桂林市灵川县潮田乡富足村后龙山半山腰的岩洞里。1998年1月发现，出土的器物有青铜戈、矛、短剑、凿、钺、刮刀、镞及玉玦、方形玉器。

富足村岩洞葬出土铜戈

富足村岩洞葬出土石玦

富足村岩洞葬出土铜钺

富足村岩洞葬出土铜剑

富足村岩洞葬出土铜矛

7. 贺州龙中岩洞葬

位于贺州市沙田镇龙中村约50米的红朱岩西南麓半山腰洞穴。1991年7月发现。出土器物33件,其中青铜器18件,计有铜鼓、牺尊、兽首盉、蟠螭纹罍、箕形器、"凤"字形钺、环形器、鼎、铜器龙形耳、兽头形耳、勾形器、叉形器及席纹陶罍、螺纹青瓷插钵和贝币,其中铜牺尊、盉、罍都很有地方特点。

龙中岩洞葬出土铜牺尊

龙中岩洞葬出土铜盉

龙中岩洞葬出土铜罍

肆 秦汉时期

秦汉时期是广西历史上一个大发展、大变革的时代，随着秦以来广西纳入中原王朝版图，原有生产力及生产关系均发生了较大的改变，广西由原来相对原始蛮荒的部族社会被快速纳入封建王朝体系之中。生产关系的巨变极大地促进了生产力的发展，同时也带来了社会结构及文化面貌的根本性改变。城址、大型墓葬群的出现不仅展示了郡县的普遍推行及人口的快速增长，同时也为我们研究秦汉时期广西社会政治、经济文化面貌提供了充足的资料。

一 城址

广西的城址始见于秦，是伴随着秦平岭南及郡县的设置而产生的。与郡县相对应，广西目前发现的 14 处共 18 个秦汉城址主要集中分布于桂东北至西南一线，以桂东北的湘桂走廊及潇贺古道沿线最为集中，桂西地区分布较少，仅左江流域有个别发现，这些城址的发现对于研究秦汉时期广西郡县的分布提供了重要的支撑。

近年来，先后对兴安秦城、合浦大浪古城、合浦草鞋村、贵港贵城、龙州庭城、武宣勒马汉城等城址开展了有针对性的考古发掘，经过发掘，这些城址的年代和性质大部分已经得到确认。除考古发掘外，还对全州洮阳、灌阳观阳、兴安城子山、贺州临贺、贺州高寨、宾阳岭方、南宁三江口等城址开展了零星的考古调查或试掘，通过调查研究，目前洮阳（洮阳县故址）、观阳（观阳县故址）、城子山（零陵郡（县）故址）、临贺（临贺县故址）、高寨（封阳县故址）等城址的年代和性质也日渐清晰。

（一）兴安秦城遗址，显示秦汉王朝对湘桂走廊要道的强力管控

秦城位于兴安县大溶江与灵渠交汇处的三角洲上，是马家渡、七里圩、通济村三处城址的统称。其中马家渡城址位于灵渠南岸至大园村东北部，现存残垣一道，目前考古工作尚未开展，性质不明。七里圩城位于七里圩南侧，俗称"王城"，其平面呈长方形，城墙保存完整。1990~1996 年，对七里圩王城进行了三次考古调查及试掘，发现了角楼、马面、城门及夯土台基等遗迹。从出土遗物判断，城址始建于西汉中期，魏

通济城灰坑

晋时期废弃，推测为汉代始安县故址。通济城位于通济村与太和堡之间，平面呈长方形，东、南、北三面城墙尚存。2013~2015年，为配合灵渠申遗工作，对其进行了两次小范围的考古发掘，从发现的大量具有楚文化风格特征的豆、盂、罐、鼎等陶器看，城址的年代为战国末期至西汉初期，可能为秦平岭南时所筑。

通济城发掘场景

通济城出土陶豆

通济城出土筒瓦

通济城出土陶瓮

（二）合浦草鞋村遗址，明确了两汉合浦郡郡城位置

草鞋村遗址位于合浦县廉州镇草鞋村一带的西门江边，遗址于 20 世纪 80 年代发现。2007 年 11 月～2012 年 1 月，对遗址进行两次大规模的发掘和数次为补充资料而进行的局部发掘，另外在 2010 年 5～6 月还对部分因基建施工露出的建筑遗存进行了清理。通过几次发掘，基本明确了草鞋村遗址就是两汉时期合浦郡郡城之所在。另外从遗址发现的大量西汉早期遗存看，城址的始筑年代要明显早于汉武帝元鼎六年（公元前 111 年）合浦郡的设置，表明在合浦设郡之前，这里就已经存在未被文献记载的行政建制，这和遗址周边的文昌塔一带发现不少西汉早期墓葬也是能够对应的。

草鞋村遗址出土西汉板瓦

草鞋村遗址出土西汉筒瓦

草鞋村遗址建筑遗迹

草鞋村遗址出土西汉陶三足盒

草鞋村遗址出土西汉瓦当

草鞋村遗址出土西汉陶罐

草鞋村遗址出土汉代陶罐

（三）贵港贵城遗址，明确了秦桂林郡及汉郁林郡郡治的位置

贵城遗址位于贵港市老城区的人民路一带，遗址自2008 年发现以来曾进行过三次考古发掘。在历次发掘中，不仅发现了秦汉时期的城壕及唐宋至明清时期的城墙等与城址相关的遗迹，还出土了大量秦汉至明清时期的其他遗迹遗物。表明遗址自秦汉以来从未间断，是包括秦桂林郡、汉至六朝时期的郁林郡、唐宋元时期的贵州及明清时期的贵县在内的贵港历代郡、州、县故址之所在。如此时间跨度长且延续不断的城址，不仅在秦汉考古方面，甚至在整个广西历史时期考古研究中，均具有非常重要的价值。值得注意的是，在秦汉时期出土的众多建筑材料中，不仅包含了较多的云纹、"万岁"纹、四叶纹、几何纹等类型的瓦当，还发现不少带有文字戳印的瓦片。其中西汉瓦片戳印文字均位于内侧，文字大多较为模糊，依稀可辨者主要以"万岁"为主，也有个别较为模糊的"零陵"戳印；东汉戳印文字均位于外侧，不仅有"永元四年""永元十年""永元十一年"等纪年文字，还发现不少印有"零陵郡"或"零陵郡三年"的瓦片。从文献记载及考古发现看，贵港秦汉以来一直是桂林郡和郁林郡郡治所在地。对于这一令人困惑的现象，目前虽然还无法找到更为恰当的解释，但毫无疑问，这些年代清晰、系列完整的建筑材料，对于研究广西乃至整个岭南地区建筑材料的演变均具有非常重要的价值。

贵城遗址东部城壕

贵城遗址西部城壕及基槽

贵城遗址西部城壕内西汉早期瓦片堆积

贵城遗址西部城壕内西汉早期地层堆积

贵城遗址出土秦代板瓦

贵城遗址出土西汉筒瓦

贵城遗址出土东汉筒瓦

贵城遗址出土西汉云纹瓦当

贵城遗址出土西汉"万岁"瓦当

贵城遗址出土东汉"万岁"瓦当

贵城遗址出土东汉"千秋万岁"瓦当

贵城遗址出土东汉云纹瓦当

贵城遗址出土东汉几何纹瓦当

贵城遗址出土东汉四叶纹瓦当

贵城遗址出土东汉"永元四年"板瓦

贵城遗址出土东汉"零陵郡三年"筒瓦

（四）武宣勒马秦汉城址，明确了秦汉时期中留（溜）县的位置

勒马秦汉城址位于武宣县三里镇勒马屯东面的黔江北岸，其位于大藤峡入口，位置极为险要。2017 年为配合大藤峡水利枢纽工程建设对其进行考古发掘，发掘面积 3150 平方米。城址坐北朝南，平面呈"凸"字形，由高台、环壕及入城通道三部分组成。整座城池有效利用自然倾斜的江岸及岸上凸起的土山进行构筑，形制较为独特。其中主体部分为一高起的台基，台基平面呈长方形，系利用一处自然土山平整夯填而成。台基下部环以双重堑壕，其中第二重堑壕在台基临江一面的左右两侧同时折向江面，对入城通道两侧形成拱卫。入城通道自江面沿江岸斜坡直抵台基，在通道中部发现一处疑似门楼一类的大型建筑遗迹，通道上局部还保留有河卵石铺成的路面。城址的核心部分位于高台之上，在发掘过程中揭露出了大片被焚毁的架空式木铺地面，枕木及其上铺垫的木板痕迹均较为清晰，从目前的考古材料看，这种做法在全国范围内都较为罕见。根据出土遗物判断，城址始建于秦，东汉以后废弃。在出土器物中还发现一枚"中溜丞印"铜印章，根据文献记载，中留为秦桂林郡辖县，汉属郁林郡，东汉改称中溜。通过发掘不仅明确了城址为秦汉时期中留（溜）县故址，同时对研究秦汉时期广西县治类城址的营建布局提供了重要资料。

武宣勒马城址俯拍

武宣勒马城出土西汉早期陶三足罐

武宣勒马城出土西汉云纹瓦当

武宣勒马城出土西汉早期陶盒

武宣勒马城出土西汉陶四耳罐

武宣勒马城出土汉代瓦当

（五）龙州庭城遗址，显示了秦汉王朝对左江流域的管控

　　庭城遗址位于龙州县东部的左江、丽江、明江三江交汇处的三角台地上。遗址于 2008 年第三次文物普查时发现，2013 年为配合左江岩画申遗对遗址进行发掘。遗址为一处汉代小型城址，其有效利用自然地势，采用因高为基、均土成台的方式进行构筑，结构布局和规制与武宣勒马秦汉城址极为相似。从遗址出土大量与南越宫署出土筒、板瓦风格特征较为一致的建筑材料看，遗址的主体堆积应为西汉，部分遗存甚至早至南越国时期。这一发现不仅将广西汉代城址的分布地域推进到左江上游一线，同时也对探讨汉代雍鸡县的位置及汉代边疆地区县治类遗存的布局规制提供了重要支撑。

庭城遗址出土文字板瓦

庭城遗址远景

庭城遗址发掘场景

庭城遗址地层堆积

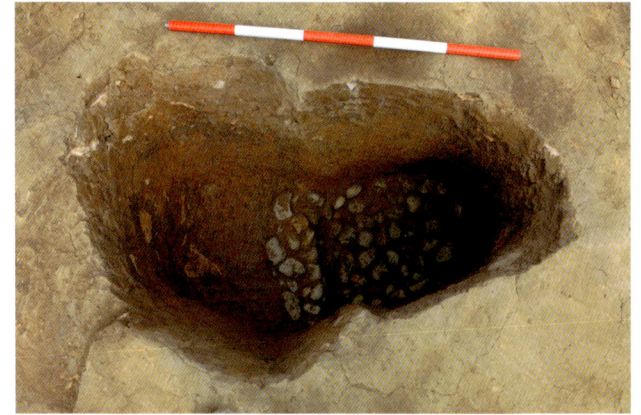

庭城遗址柱洞

庭城遗址散水

二 墓葬

广西秦汉时期的墓葬较为丰富，秦因存在时间较短，较为明确的秦墓目前尚未发现。已发掘墓葬主要为汉墓，历年来发掘墓葬已超过 2000 座，主要集中于合浦、贵港、梧州这三处汉代郡县治所附近，另外在一些县治周边及重要水陆交通要道沿线也有发现。墓葬类别有长方形竖穴土坑墓、木椁墓、砖木合构墓、砖室墓和石室墓几种。其中长方形竖穴土坑墓均为小型墓葬，其主要见于西汉早期，部分延续至东汉晚期。木椁墓规模一般相对较大，多有斜坡墓道，此类墓葬主要流行于西汉，东汉开始逐渐被砖室墓取代，一些规模稍大的长方形竖穴墓亦构筑有木椁。砖木合构墓是木椁墓向砖室墓过渡的一种类型，其主要见于东汉前期，部分延至东汉后期。砖室墓始见于东汉，前期多为前后室的筒状直券顶结构，后期渐趋复杂，出现多室及穹隆顶结构。石室墓主要分布于桂东北的阳朔、钟山、昭平、富川、蒙山、平乐、恭城等地，其均为单室结构，一般以不规则的石灰岩石块构筑墓室，顶部多为穹隆券顶和石板平铺盖顶。

通过多年的发掘积累，广西汉墓的时间框架已较为清晰。就整体而言，广西与广东、越南北部的汉墓同属岭南汉文化系统，其在文化特征和发展演变方面较为一致，根据墓葬形制及随葬器物的演变，一般将岭南秦汉墓葬分为西汉早、中、晚及东汉前、后共五期。

西汉早期为秦平岭南至汉武帝平南越。本期墓葬以长方形竖穴土坑墓为主，大中型墓葬均构筑有木椁，部分墓葬存在底部铺沙的现象，一些大型墓葬中甚至还配置斜坡墓道、车马坑、殉葬坑等。随葬器物中除部分中原汉式器物外，主要以越式器物为主，在一些大型墓葬中甚至还发现象征墓主身份地位的"夫人"等印章，反映了南越国时期合辑百越分封诸侯的历史事实。

西汉中期为汉武帝平定南越至元、成之际，本期墓葬相对较少，墓葬以木椁墓为主，随葬器物中具有明显越文化特征的器物大为减少，汉式或汉越融合式器物明显增多，反映出汉武帝平定南越后汉越文化深度融合的社会面貌。

西汉晚期为元、成以降至东汉建立，本期墓葬数量明显增加。带斜坡墓道的木椁墓成为这一时期墓葬的主流，一些大型墓葬在墓道两侧或墓道底部还设置有代表墓主身份地位，象征"婢妾之葬"或"厨厩之属"的外藏椁，随葬器物也更加丰富，井、仓、灶、屋等模型明器更为普遍，琉璃、髓珠等与海外贸易相关的器物大幅增加，一些大型墓葬中还出现不少錾刻精美纹饰的青铜器。这些丰富的随葬器物不仅有力地再现了西汉晚期广西社会经济的繁荣，同时也揭示了这一时期海外贸易的兴盛。

东汉前期为建武初年至建初之间，本期木椁墓大幅减少，砖室墓在郡治周边开始大量出现并成为墓葬的主流。砖木合构墓作为砖室墓向木椁墓过渡的类型也有零星发现，一些西汉墓葬中相对常见的器物类型逐渐消失，陶器施釉现象普遍增加，且施釉水平有了长足进步。

东汉后期为建初至东汉末年，本期砖室墓更加普遍，结构也更为复杂，除前期相对常见的长方形、中字形直券顶墓外，带侧室和双后室的多室墓开始增多，且出现了穹隆顶结构。与此同时，在一些非郡县治地，木椁墓仍然较为常见，在桂东北地区，开始出现石室墓。随葬器物中不仅出现防卫森严的陶城堡，而且随葬动物模型明器的现象也更为普遍，反映东汉晚期地主庄园经济的繁荣。

（一）贵港汉墓，再现贵港秦汉400年历史繁华

　　贵港是秦、南越国时期桂林郡及汉郁林郡郡治所在地，古墓葬分布较为密集。自1954年起，历年来发掘汉墓已近500座，出土器物上万件。这些墓葬前后相袭，再现贵港秦汉400年的历史繁华。

　　在历年的发掘中，较为重要的发现有罗泊湾汉墓、风流岭M31、孔屋岭汉墓、梁君垌汉墓等。罗泊湾汉墓是目前广西发掘的最重要的一处汉墓，墓葬规模之大、随葬品之精美、文化信息之丰富在广西乃至全国汉代考古中均占有极其重要的地位。墓主可能为南越国时期相当于诸侯王或郡守一级的官吏及其配偶，墓葬葬俗葬制均源于岭北，但也保留了中原地区已被禁止的人殉习俗。随葬器物中除大量源于中原地区的汉式器物外，也有少量诸如铜鼓、羊角钮钟等极具地域特色的器物，展示了南越国时期贵港雄踞浔郁、地控瓯骆的政治格局。风流岭M31是一座带斜坡墓道的大型木椁墓，墓道一侧设置有耳室状外藏椁，其内放置有铜马、车马器、人俑、兵器等，当属外藏椁"厨厩之属"中"厩"的象征。该墓年代比罗泊湾汉墓稍晚，从墓葬规模及构筑象征身

贵港罗泊湾M1的殉葬棺

贵港罗泊湾M1椁室出露情况

贵港罗泊湾M1棺室清理

贵港罗泊湾M1出土铜九枝灯

贵港罗泊湾M1出土竹笛

贵港罗泊湾M1出土铜桶

贵港罗泊湾M1出土铜羊角钮钟

贵港罗泊湾M1出土提梁漆绘铜筒

份等级的外藏椁看，墓主可能为郡守一级的官吏。2009
年在孔屋岭发掘的3座汉墓包括了同坟异穴木椁合葬墓、
木椁墓和砖室墓三种类型，时代包含了西汉中、晚期及
东汉早、中(后期前段)期，是贵港一处年代演变系列较
为清晰的墓葬。在一座东汉中(后期前段)期的砖室墓中，
不仅首次发现了砖砌的棺床，而且还出土了大量的青釉
陶器，这些陶器不仅施釉均匀，而且釉色青翠莹润，是岭
南汉墓中较为难得一见的精品。2010年发掘的马鞍岭梁
君垌共发现东汉墓4座，其中梁君垌M14不仅出土了
大量的人俑及动物俑，而且还发现了广西最早的陶牛车
及制作精美的乐舞红陶船。从该墓出土的"咸骧丞印"
看，墓主可能为九真郡咸骧县之县丞。

贵港罗泊湾M1出土铜鼎

贵港罗泊湾M1出土铜鼓

贵港罗泊湾M1出土铜盆

贵港罗泊湾M1出土铜钫

贵港罗泊湾M1出土铜壶

贵港孔屋岭M2a、M2b

贵港孔屋岭M2b

贵港孔屋岭西汉晚期M2a出土陶器

贵港孔屋岭西汉中期M2b出土陶器

贵港孔屋岭M3

贵港孔屋岭M1

贵港孔屋岭东汉前期M3出土陶器

贵港孔屋岭东汉中期M1出土陶器

贵港孔屋岭东汉中期M1出土釉陶樽

贵港孔屋岭东汉中期M1出土釉陶簋

贵港风流岭M31出土铜马及驭车俑

贵港孔屋岭东汉中期M1出土釉陶鼎

贵港梁君垌M14出土陶牛车

贵港梁君垌M14出土陶船

贵港梁君垌M14出土陶船局部

贵港梁君峒M14出土陶动物俑

贵港梁君峒M14出土陶俑

（二）合浦汉墓，见证汉代合浦经济的繁荣及海外贸易的兴盛

合浦是汉代合浦郡郡治所在地，古墓葬主要分布于郡城所在的草鞋村遗址东面，沿城址呈扇状分布，以东南面的禁山、风门岭，东北的花根、金鸡岭、大沙洲一带分布最为密集。自 20 世纪 50 年代开始，历年发掘的汉墓已超过 1000 座，以望牛岭、风门岭、文昌塔、堂排、凸鬼岭、九只岭、黄泥岗、寮尾等地最为集中。墓葬类型有长方形竖穴土坑墓、木椁墓、砖木合构墓、砖室墓几种，年代从西汉早期一直延续至东汉晚期。其中西汉早期墓葬数量相对较少，以小型长方形竖穴土坑墓为主，随葬品亦相对简单。自西汉中期开始，随着合浦郡的设置及海外贸易的兴起，墓葬数量开始大幅增加，且出现了一些规模相对较大的墓葬，随葬品更加丰富。在一些大型墓葬中，不仅琉璃杂缯、黄金珠饰无一不备，甚至连井、仓、灶及马、牛、狗、鸡等模型明器亦以青铜制作。

多年的发掘表明，合浦汉墓不仅规模庞大，而且类型也较为丰富。随葬品中不仅包括一些颇具岭南特色的錾刻花纹青铜器，而且出土了大量髓珠、琥珀、琉璃、黄金饰品等海外舶来品。庞大的墓群、丰富的随葬器物、精美绝伦的錾刻花纹铜器、璀璨夺目的琉璃珠饰不仅展示了汉代合浦经济的高度繁荣，同时也是合浦作为汉代海上丝绸之路重要港口的有力见证。

合浦寮尾M13

合浦寮尾M13b波斯陶壶出土情况

合浦风门岭M23

合浦寮尾M14

合浦风门岭M23B滑石器出土情况

合浦风门岭M26

合浦风门岭M26发掘现场

合浦风门岭M26出土铜提梁壶

合浦望牛岭M1出土铜镇

合浦望牛岭M1出土铜凤灯

合浦望牛岭M1出土铜魁

合浦风门岭M27出土铜盉

合浦望牛岭M1出土铜仓

合浦望牛岭M1出土铜灶

合浦风门岭M26出土铜牛

合浦红岭头M34出土琉璃杯

合浦寮尾M13b出土胡人俑灯

合浦寮尾M13b出土波斯绿釉陶壶

合浦盐堆M1出土串饰

合浦盐堆M1出土金串饰

合浦望牛岭M1出土金饼

合浦盐堆M1出土水晶手链

合浦黄泥岗M1出土紫水晶串饰

（三）梧州及贺州铺门汉墓，凸显秦汉王朝对潇贺古道及西江航道的控制

梧州和贺州铺门地理位置较为接近，两地均有大量汉墓分布。梧州位于桂江和西江交汇处，是汉代苍梧郡郡治所在地，汉墓主要分布于城区及其周边。历年来在市区的云盖山、低山、莲花山、鹤头山及市郊的旺步、河西、大塘、钱监等地发掘汉墓已超过 300 座，出土的羽人座灯、龙凤纹铜尺、刻花铜案均是岭南汉墓中难得一见的珍品。贺州铺门位于贺江下游，不仅有大量汉墓分布，而且还发现西汉早期城址。大型墓葬主要集中于西汉早期，其中河东高寨西汉墓及金钟 M1 是最为重要的发现。金钟 M1 规模宏大，墓葬规模大小与罗泊湾汉墓相当。墓葬虽遭盗扰，依然出土随葬器物 124 件。从墓葬规模及出土的"左夫人印"推测，墓主可能为南越国时期分封于这一地区相当于诸侯王一级的官吏及其配偶。从史料记载看，在南越国同姓诸侯中曾提到苍梧王，另外在出土的秦代简牍中也有关于苍梧的记载。铺门西汉早期大型墓葬的发现表明，苍梧的行政建制并非始于汉武帝平定南越时苍梧郡的设立，在更早的秦及南越国时期，可能就已存在相当于郡、国一级的行政建制。结合梧州及铺门两地的考古发现看，早期苍梧可能位于贺江边的铺门一带，汉武帝平定南越后始迁于位于桂江和西江交汇处的梧州市城区。

梧州大塘鹤头山出土羽人铜灯

梧州大塘鹤头山出土小铜筒

梧州东汉墓出土铜樽

梧州白后村出土铜长颈瓶

梧州旺步出土陶胡人俑灯

梧州莲花山出土陶鼎

贺州铺门高寨汉墓出土滑石鼎

梧州河西白后村出土铜仓

贺州铺门西汉早期墓出土铜壶

（四）西林普驮铜鼓墓及铜棺葬，汉代句町国历史的见证

西林位于广西西北部的滇、黔、桂结合处，是汉代句町国辖地。1969 年在普驮桥头发现铜棺墓 1 座，惜遭破坏。1972 年 7 月，普驮粮站在平整晒场时又发现古墓葬 1 座。该墓形制较为独特，墓坑形状略呈圆形，墓口以圆形石板封盖，石板下并排放置石条，石条下放置 4 件互相套合的铜鼓，铜鼓内放置骸骨及部分随葬品。共出土器物 400 余件，主要为铜器及玉石饰品，其中仅铜器就达 270 余件，不仅包括铜鼓、羊角钮钟等颇具本地风格特色的器物，还包括铜马、骑马俑、六博棋盘、对弈俑、洗、耳杯、车马饰件等大量汉式器物。根据出土地点、葬俗葬制及随葬器物推测，这两座墓可能为汉代句町王墓葬。这两座墓葬的发现，对于研究汉代句町国的位置、丧葬习俗、社会经济文化面貌及其与汉文化的交流均提供了较为重要的资料。

西林普驮铜棺墓出土铜面具

西林普驮铜鼓墓出土铜当卢

西林普驮铜鼓墓出土铜俑

西林普驮铜鼓墓出土铜六博棋盘

西林普驮铜鼓墓出土铜羊角钮钟

西林普驮铜鼓墓出土铜骑马俑

（五）其他地区汉墓，反映了汉文化在岭南地区的深度扩展及普通平民的生活风貌

　　除以上汉墓分布较为集中的区域外，其他地区的汉墓发掘主要集中于钟山、平乐、兴安、昭平、阳朔、贺州等地，另外在桂林、临桂、全州、灌阳、柳州、柳江、三江、武宣、象州、金秀、桂平、藤县、苍梧、岑溪、都安、荔浦、浦北、灵山、崇左、东兴等地也有零星发掘。这些墓葬多位于县治周边或重要水陆交通要道沿线。墓葬以中小型为主，类型以土坑墓和木椁墓居多，砖室墓相对少见，部分土坑墓底部铺设卵石。随葬品亦相对简单，主要以瓮、罐等日用陶器为主，仿铜陶器及井、仓、灶、屋等模型明器相对少见。这些广泛分布的墓葬不仅体现了汉文化在岭南地区的深入扩展，也是非郡治地区下层官吏及普通平民生活风貌的真实写照。

钟山铜盆墓地远景

钟山铜盆M53

钟山铜盆M13发掘场景

钟山铜盆M31随葬器物

钟山铜盆M2随葬器物

钟山铜盆M44随葬器物

钟山铜盆M15出土陶瓮

钟山铜盆M35出土陶壶

钟山铜盆M53出土陶匏壶

钟山铜盆M15出土陶罐

钟山铜盆M53出土陶樽

钟山铜盆M53出土陶鼎

钟山铜盆M35出土陶五联罐

钟山铜盆M29出土陶熏炉

钟山铜盆M35出土陶四耳罐

钟山铜盆M44出土陶瓿

钟山铜盆M1出土陶碗

钟山铜盆M1出土陶双耳罐

伍 三国两晋南朝时期

这一时期南北分治，偏安江南的东吴、东晋及宋、齐、梁、陈都非常重视后方的开发。以青瓷器的普遍流行为标志，岭南与岭北物质文化的界限更加模糊，大一统的文化面貌愈加清晰。

本期考古工作以墓葬为主，城址方面的工作开展得相对较少，除少数几处从汉代就开始沿用的城址外，目前通过调查能够确认的仅越州故城、勾漏故城、龙平故城等几处，但由于这些城址均未开展相关考古工作，其面貌尚不清晰。

一 墓葬

本期墓葬以砖室墓为主，土坑墓基本消失，个别区域有石室墓分布。与汉墓相比，这一时期的墓葬无论是数量还是墓群规模均大大缩小，但分布的广度却有所增加。除一些和汉墓共存的墓葬外，零星分布的墓葬也时有发现，这和六朝时期对岭南地区的深度开发和郡县的普遍增设是密切相关的。

（一）三国墓

本期墓葬继续延续东汉晚期的风格，在墓葬形制和随葬器物方面不易区分，不少墓葬被笼统归入东汉晚期。目前发掘三国墓主要分布于合浦、贺州、贵港、梧州、阳朔、钟山、灌阳等地，其中年代相对明确的有贵港高中出土"黄龙元年太岁己酉"款神兽镜砖室墓、灌阳马草坪"景元三年七月×日"纪年砖墓、贺州芒栋岭随葬"大泉五百"石室墓等，这些墓葬的发现为三国墓的断代提供了一些依据。

合浦是目前三国墓葬发现最多的一处，历年来在寮尾、公务员小区、岭脚等地均有发现。墓葬均为砖室墓，多为前、后室带侧室结构，结顶方式既有筒状直券顶也有叠涩穹隆顶，随葬器物中陶器数量明显下降，瓷器数量大幅增加。瓷器胎质细腻，施釉均匀，釉色青中泛灰白，也有部分泛黄，胎釉黏结较好，反映了这一时期瓷器制作的高超水平和独特风貌。

合浦寮尾三国双穹隆顶砖室墓M26

合浦精神病院三国砖室墓M1

合浦岭脚三国M4出土铜鼎

合浦岭脚三国M4出土铜壶

合浦第二炮竹厂三国M1出土陶仓

合浦寮尾三国M7出土青瓷圈足碗

合浦寮尾三国M1b出土青瓷罐

合浦第二炮竹厂三国M1出土陶井

合浦岭脚三国M4出土陶四耳罐

合浦岭脚三国M4出土青瓷罐

合浦罗屋村三国M6出土青瓷罐

合浦罗屋村三国M6出土青瓷双耳罐

合浦第二炮竹厂三国M1出土陶屋

合浦岭脚三国M4出土青瓷四耳罐

合浦岭脚三国M4出土青瓷罐

合浦岭脚三国M4出土青瓷钵

（二）晋墓

　　两晋时期随着郡县的普遍增设及郡县大小实力的缩减，墓葬分布虽然更加广泛，但也更显零星，像汉代那样大规模的墓群及高坟大冢的大型墓葬再也难得一见。本期墓葬以砖室墓为主，形制相对简单，主要为带甬道的"凸"字形单室直券顶墓，另外叠涩平铺盖顶的长方形砖室墓及石室墓也有零星发现。相较此前，本期墓葬随葬器物数量和种类都大幅减少，模型明器也日渐消失，但青瓷器却更为普遍。瓷器施釉特征与三国时期存在明显不同，釉色偏青，釉面开片严重，胎釉黏结较差。在随葬青瓷器中，除碗、碟、盘、四耳罐等较为常见的类型外，鸡首壶、唾壶、虎子等也有零星发现，在不少墓葬中还发现有纪年砖。历年发现的纪年砖主要有太康七年（286 年）、元康六年（296 年）、元康九年（299 年）、永嘉六年（312 年）、永和十一年（355 年）、升平四年（360 年）、泰（太）和五年（370 年）、泰元四年（379 年）、义熙五年（409 年）等，这些纪年砖的发现为两晋墓的断代提供了重要依据。在个别墓葬中甚至还发现了"永嘉中，天下灾，但江南，皆康平"字样的铭文砖，反映出两晋时期北方战乱，南方相对繁荣稳定的社会局面。

贺州凤凰岭晋代长方形平铺盖顶砖室墓M8

梧州富民坊晋墓出土青瓷鸡首壶

钟山张屋晋代石室墓M2

合浦罗屋村晋代M5a出土青瓷四耳罐

合浦罗屋村晋代M5a出土青瓷虎子

合浦罗屋村晋代M5a出土青瓷盒

阳朔龙盘岭晋代M25出土青瓷唾壶

阳朔龙盘岭晋代M23出土青瓷烛台

（三）南朝墓

　　南朝为宋、齐、梁、陈四个朝代的统称，这一时期广西社会经济持续发展，郡县数量更进一步增加，墓葬分布更为广泛，历年来除贵港、梧州这几处秦汉以来各个时期墓葬分布的中心区域外，在桂林、灵川、永福、恭城、兴安、贺州、钟山、昭平、富川、苍梧、藤县、融安、浦北、灵山、横县等地也有不少发现。本期墓葬有砖室墓和石室墓两种，砖室墓类型相对丰富，既有带短甬道的单室券顶墓，也有长方形平铺盖顶的小型砖室墓，在一些稍大的墓葬中，甚至还出现复杂的砖柱、直棂窗、天井、排水沟及前后呈阶梯状的多室结构。随葬器物仍以青瓷碗、碟、四耳罐为主，鸡首壶、虎子、唾壶等青瓷器也有零星发现，部分青瓷器制作较为精美，展示了南朝时期青瓷制作的高超水平。除日常生活用品外，在一些墓葬中还随葬有大量反映当时生产生活场景及展示地方豪强实力的陶瓷明器，尤以永福百寿南朝墓和苍梧倒水南朝墓最为丰富。在 1981 年永福百寿发掘的一座南朝墓中，除屋、仓、禽舍及猪、羊、鸡、鸭等动物模型外，还随葬有骑马、步辇、扛旗、击鼓、侍从、武士等仪仗俑。1980 年发掘的苍梧倒水南朝墓随葬明器更为丰富，该墓不仅随葬了驾牛耙田、牛车、牛圈、谷仓、禽舍、作坊等与生产生活相关的模型设施，还发现了侍俑、骑俑、执刀持盾的部曲家兵俑等展示当地豪强地主武装实力的模型明器俑。除此之外，本期一些墓葬中还发现有滑石买地券，如：泰始六年（470 年）《欧阳景熙买地券》、南齐永明五年（487 年）《秦僧猛买地券》、梁天监五年（506 年）《熊薇买地券》、梁普通四年（523 年）《熊悦买地券》等，这些买地券对墓葬时代的判断、墓葬所在地的地理沿革及墓主人身份的推定都提供了重要参考。

贵港梁君垌南朝 M3

贺州凤凰岭南朝长方形小型平铺盖顶砖室合葬墓 M17

苍梧倒水南朝墓出土双牛耙田模型

苍梧倒水南朝墓出土青瓷骑士俑

苍梧倒水南朝墓出土陶仪仗俑

苍梧倒水南朝墓出土陶仓

恭城长茶岭南朝墓出土青瓷盘口壶

恭城长茶岭南朝墓出土青瓷六耳罐

藤县南朝墓出土青瓷鸡首壶

藤县潭津小学南朝墓出土青瓷唾壶

藤县潭津小学南朝墓出土青瓷炉

藤县潭津小学南朝墓出土青瓷砚

藤县潭津小学南朝墓出土青瓷六耳罐

藤县潭津小学南朝墓出土青瓷碗

永福百寿南朝墓出土青瓷仪仗俑

二 冶炼遗址

广西的冶炼遗址主要分布于桂东地区，有冶铜、冶铁两种。冶铜遗址仅北流铜石岭及容县西山两处。冶铁遗址主要分布于桂平、平南、梧州、兴业等地。在近年开展的考古调查中，仅梧州一地就发现山坡聚落遗址100 余处，在这些遗址中，有不少存在与冶铁相关的遗存。目前经考古发掘的有平南六浊岭、梧州后背山等遗址，从发掘情况看，这些遗址炼炉大多保存较完整，为研究广西六朝时期的冶炼业提供了极为重要的资料。据《晋书·庾亮传》载："时东土多赋役，百姓乃从海道入广州，刺史邓岳大开鼓铸，诸夷因此知造兵器。"广西发现的这些冶炼遗存可能就是这一历史事实的真实写照。

梧州后背山遗址出土陶四耳罐

梧州后背山遗址出土陶双耳罐

梧州后背山遗址发掘场景

平南六浊岭遗址发掘场景

平南六浊岭遗址炼炉

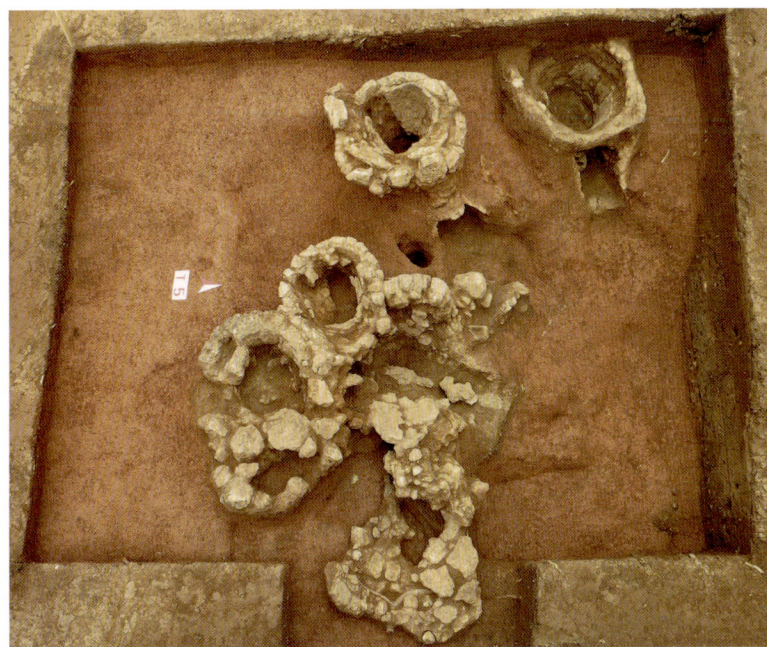

平南六浊岭遗址炼炉

陆　隋唐时期

　　六朝时期广西的社会大开发，为隋唐时期的发展奠定了基础，唐朝统治者加强中央集权，整治地方豪酋，削弱家族势力，这在客观上促进了地方的全面发展和族群的融合进程。从考古发现来看，隋唐时期的遗存，有一部分叠压在古代遗址之上，如贵港贵城遗址，文化堆积从秦汉一直延续到明清时期，后代堆积叠压在前代堆积之上；另一部分则扩展到更为广阔的空间，不仅广泛分布在沿江、沿海区域，还延伸到了偏远山区。城址在钦州、上林、浦北、桂林、阳朔、兴安、昭平、梧州、北流、容县等地有发现，多为隋唐时期所创建。窑址在桂林、容县、北海、合浦等地有发现，主要是烧造青瓷的窑场。墓葬在钦州、贺州、全州、兴安、灌阳、平乐、梧州、容县、北海等地有零星发现，均为中小型墓，不复有汉六朝时期的大规模和高规格。运河有防城港潭蓬运河、桂林桂柳运河。桂东、桂南地区已经发现数百处六朝隋唐时期的印纹陶文化遗存点，其中有不少是聚落址和冶炼遗址，这些遗存点多数分布在北流型和灵山型铜鼓出土地点附近。另外，还发现有佛寺遗址、窖藏、摩崖佛像、佛塔、佛钟、石刻等文化遗产。

智城城址全景

1. 上林智城城址

位于上林县白圩镇爱长村智城峒。2006 年和 2015 年试掘。城址
处于崇山一隅，由内城、外城、护城河等部分组成，内外城面积约 8 万
平方米，外城墙内东北角有摩崖石刻《智城碑》。外城墙东西两端连
接熔岩山崖，长度约 100 米，由土墙和石墙构成，土墙先筑，石墙砌在
土墙的外侧，石墙中间设水门、西端置城门。智城的建成时间约为武
周万岁通天二年（697 年），城主为检校廖州刺史韦敬辨，后来因韦氏
受诬而遭毁弃，前后存续约 30 年。韦氏是隋唐时期雄踞一方的大家
族，与钦州宁氏、粤西冼氏等同为岭南世代豪酋。

智城外城墙的石墙基础

智城外城墙基础

智城外城的摩崖石刻《智城碑》

智城外城门的门墩石

智城内城的石臼

2. 桂林桂州窑址

位于桂林市雁山区柘木镇窑头村漓江西面，分布范围约 2 平方千米。1965 年发现 10 余座窑，1988 年抢救性发掘 3 座。窑炉均为斜坡式，平面作长条形，顺坡势而建。主要烧制民间日用陶瓷器、佛教用陶瓷器及建筑构件，器物胎稍厚，有部分器施釉，以青瓷为主，纹饰有莲瓣纹、附加堆纹等。整个窑场应创烧于南朝晚期，盛于隋唐，衰于北宋，与桂林佛教的兴衰密切相关。

桂州窑发掘场景

桂州窑出土青瓷盘口四耳壶

桂州窑出土青瓷四耳盖壶

桂州窑出土乳形多角青瓷罐

桂州窑出土素胎坐佛像

桂州窑出土碗形青瓷灯盏

桂州窑出土青瓷金翅鸟形构件

桂州窑出土素胎凤形构件

晚姑娘窑址龙窑

3. 英罗窑址和晚姑娘窑址

　　北海市沿海已经发现 3 处唐代窑址，均位于北部湾沿海，由东往西依序为合浦县英罗窑址、铁山港区芋头塘窑址和晚姑娘窑址。2015 年和 2017 年分别对英罗窑址和晚姑娘窑址进行发掘，发现龙窑、灰坑、柱洞等遗迹，出土大量陶瓷器。产品类型大部分相同，形制一致，多为民用生活器具，以青瓷器为主，器形有瓮、罐、壶、盒、盆、盘、碗、碟、盂、擂钵、纺轮、网坠等，胎厚重，素面，还有少量的陶器。北部湾沿海的钦州、防城港市，南流江 — 北流河流域的玉林市，西江流域的贵港市，以及越南、印尼等地均发现有类似于北海唐代瓷窑的器物。

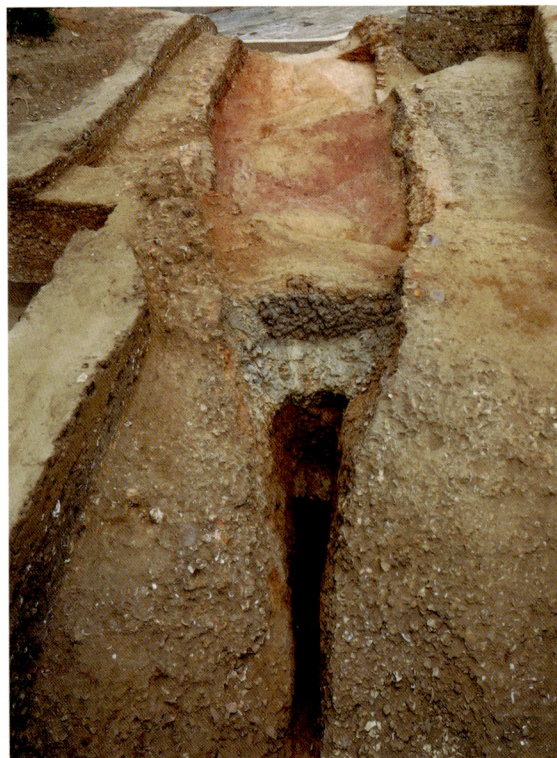

英罗窑址龙窑

英罗窑址废品堆积

英罗窑址出土青瓷罐

英罗窑址出土陶釜

英罗窑址出土青瓷壶

晚姑娘窑址出土青瓷碗

晚姑娘窑址出土青瓷碟

4. 钦州久隆隋唐墓

　　位于钦州市钦南区久隆镇。清道光六年（1826 年）发现隋大业四年（608 年）宁赞墓碑，1920 年发掘出唐开元二十年（732 年）宁道务墓碑。1976~1977 年调查发现 36 座墓，1977 年抢救性发掘 6 座，1981 年发掘 1 座。均为中小型券顶砖室墓，由墓道、封门、甬道、墓室等部分组成，有的是夫妻合葬墓。随葬品有青瓷碗、碟、杯、唾壶、提梁壶、钵、瓶、罐等，陶罐、钵、釜、盂等，以及金器、铜器、铁器、玉笄、琉璃杯等。墓主是在岭南世代为豪的宁氏家族。

久隆隋唐墓出土琉璃高足杯

久隆隋唐墓出土陶六耳罐

久隆隋唐墓出土陶四耳罐

久隆隋唐墓出土青瓷唾壶

久隆隋唐墓出土青瓷碗

久隆隋唐墓出土青瓷杯

5. 灌阳画眉井隋代纪年墓

位于灌阳县新街乡车头村鸭婆山自然屯。2003年发掘，发现凸字形券顶砖室墓11座，墓砖一侧面模印有叶脉纹和"大业七年黄元□"字样。随葬品以盘口壶、碗、杯、炉等青瓷器为主，另有少量铜匕首、铜盒及滑石猪。广西有明确纪年的隋墓仅此一处，为广西隋墓的形制、结构、埋葬习俗和瓷器制造业、器物时代特征以及隋代地方历史的研究提供了十分珍贵的材料。

6. 梧州木铎冲唐墓

位于梧州市长洲区长洲镇龙华村。2006年为配合洛阳至湛江铁路梧州段工程建设进行的抢救性发掘。2座唐墓均为长方形竖穴土坑墓，其中M1出土青瓷带盖四耳罐1件，M5出土金钗、银盏、银匙、铜镜、瓷罐、滑石猪及陶俑、镇墓兽等22件随葬品。陶俑共6件，置于墓室底部两侧，为穿带服饰的人身兽首俑，呈站立姿势，高近30厘米，为十二生肖俑的一部分。

画眉井隋墓

画眉井隋墓出土青瓷盘口壶

画眉井隋墓出土青瓷杯

木铎冲唐墓M5

木铎冲唐墓M5出土陶俑

铜镜

银盏

银匙

金钗

陶镇墓兽

陶镇墓兽

青瓷四耳罐

滑石猪

木铎冲唐墓M5出土器物

7. 防城潭蓬运河

位于防城港市防城区江山镇潭蓬村，2017~2018 年进行试掘清理。是一条为规避险滩、缩短航程而横穿江山半岛的海运河，所经之处全是丘陵，坚岩峭壁，开凿艰难，工程浩大，故有"天威遥""天威泾""仙人窿"之称。运河原长约 3200 米，现存河道长 1558 米。东段开挖深度为 12~15 米，底宽 5~8 米，西段逐渐开阔，最宽处约 25 米。河道两侧壁及底部可见层层开凿的痕迹。石壁上发现凿刻文字、人物头像 11 处，文字有"咸通九年三月七日""元和三年"等，表明运河在唐代曾进行大规模开凿。河道淤泥中发现陶瓷器和木桩等遗存。

潭蓬运河航拍全景图

潭蓬运河东段

潭蓬运河清理植被后的河道

潭蓬运河清理植被后的河道

潭蓬运河清淤后的河道岩壁

潭蓬运河岩壁上的刻字和图像

柒 五代宋时期

五代十国时期，广西北部属楚，南部属南汉，最后全部归南汉。宋代广西属广南西路。五代宋时期的城址，一部分在前代旧城基础上建设，如贵港贵城遗址发现宋代大型建筑基址；另一部分为新创的城邑、圩场或军事据点，如田阳田州土司城址、田东百银城址、百色阳圩古营盘等。聚落址数量较多，分布广泛，多见于沿江、沿海区域。瓷窑是这个时期的重要发现，分为青瓷和青白瓷两大类。青瓷主要分布在桂东北地区，以湘江、漓江、洛清江一线为主，包括全州、兴安、桂林、永福、柳城等市县，富川、桂平等地也有发现，已发现 40 处窑址，分布在 25 个市县；青白瓷分布在桂东南地区，聚集于北流河沿岸的藤县、容县、北流，岑溪、桂平、贵港、兴业、浦北也有发现，以藤县中和窑、容县城关窑、北流岭峒窑为代表。铸钱遗址有梧州钱监、贺州钱监。冶炼遗址有兴业绿鸦场。墓葬在桂林、兴安、钟山、昭平、桂平、容县、北海、合浦等地有零星发现，都不是大型墓。另外，还有佛教遗存、窖藏和石刻等文化遗产。

1. 田东百银城址

位于田东县祥周镇百银村上寨屯右江北岸台地上。2011 年为配合鱼梁水利枢纽工程建设进行抢救性发掘，发掘面积 760 平方米，勘探面积 3000 平方米。探知城址平面近梯形，呈东北 — 西南走向，东、西、北三面仍保留有城墙及城壕，南面为临江断坎。发现陶窑、灰坑等遗迹，出土瓷器、陶器及砖、瓦、瓦当等建筑构件。瓷器来源广泛，既有江西景德镇的，也有福建的，特别是大批量来自桂东南地区的青白瓷，表明当时商贸的繁盛，这与宋代横山寨开设博易场的记载一致。城址对研究宋代横山寨博易场及茶马古道具有重要价值。

百银城址西城墙剖面

百银城址出土青白瓷杯　　　　　　　　　　　　　百银城址出土青白瓷杯

百银城址出土青白瓷碗

2. 百色阳圩古营盘遗址

位于百色市右江区阳圩镇阳圩中学背后的山岭上。营盘建在群山中两座较低矮相连的小山岭上，分别在山腰和山脚依地势垒土筑墙而成。整个营盘由东、西两部分组成，平面略呈不规则椭圆形，最长约 240 米、宽 160 米。2004~2005 年为配合百色水利枢纽工程建设进行发掘，发掘面积约 4000 平方米，出土陶瓷器和铜、铁器。这是一处北宋晚期与军事相关的营盘遗址。

营盘遗址1号土台剖面

营盘遗址出土青瓷杯

营盘遗址出土铜牛饰

营盘遗址发掘区

3. 防城港皇城坳遗址

位于防城港市港口区公车镇沙港村皇城坳，2016 年进行调查和试掘。遗址群由城顶岭、田墩岭等山岭遗址点组成，呈众星拱月式布列，城顶岭城址居中。城址平面呈长方形，南北长约 85 米、东西宽 60 米，中部为"工"字形的高台，高台周围原为铺砖平面，四面砌石为墙，墙基宽 1.5 米，出土大量的石、砖、瓦建筑构件及陶瓷器。该遗址群是一处规模较大的南宋晚期聚落址。

皇城坳遗址群分布状况

皇城坳城址出土砖块

皇城坳城址出土青白瓷碗

皇城坳城址出土黑釉碗

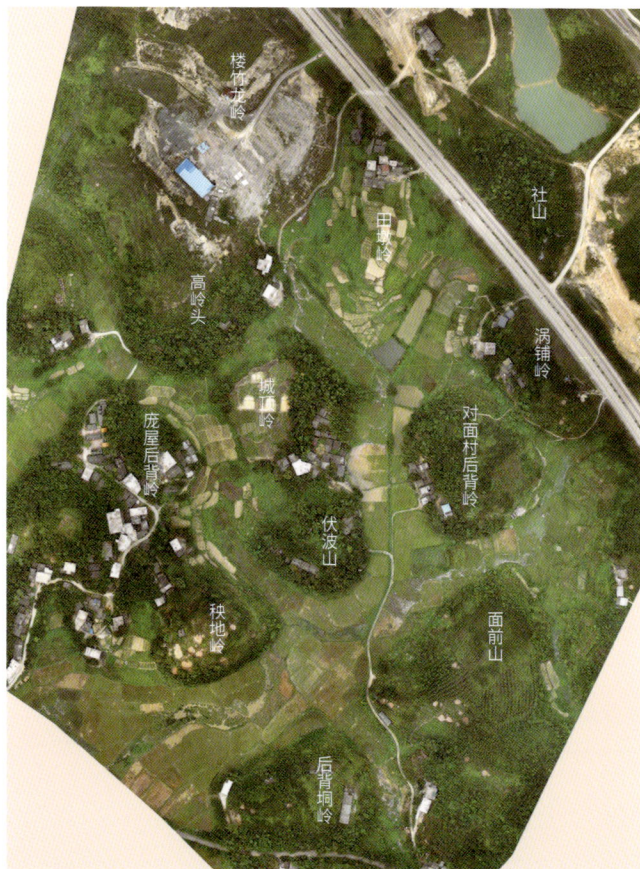

皇城坳城址城墙（红线）和高台（蓝线）

4. 兴安严关窑址

位于兴安县严关镇政府所在地，紧靠灵渠南岸，分布面积约 2 平方千米，是一处集原料开采、加工制作、烧造、销售于一体的窑场。1963、1983 年和 1994 年进行发掘。窑炉为斜坡式龙窑。烧造方法是明火叠烧，不用匣钵。主要烧造碗、盏、盘、碟、杯、壶、罐、砚等生活用品。施釉以青釉、月白釉为主，还有仿钧、窑变、花釉和玳瑁釉。装饰艺术以印花为主，亦有划花、刻花、彩绘和点洒褐彩及窑变釉等装饰手法。南宋初年创烧，嘉定至宝祐年间是鼎盛时期，南宋末年衰落。

严关窑址出土青瓷碗

严关窑址出土青瓷碗

严关窑址出土酱釉盏

严关窑址出土印花"寿山福海"青瓷碗

严关窑址出土仿钧釉瓷碗

严关窑址出土窑变青灰釉点洒褐彩瓷盏

5. 永福窑田岭窑址

位于桂林市永福县永福镇南雄村方家寨窑田岭至广福乡大屯村木浪头之间长约 6 千米的洛清江两岸。1979年发掘 4 座龙窑。2009～2010 年为配合湘桂铁路扩建改造工程又进行抢救性发掘，发掘面积 7185 平方米，发现斜坡式龙窑 11 条、葫芦形窑 4 个、作坊 1 处以及大量的灰坑、柱洞、灰沟等遗迹。瓷器以碗、碟、盏、盘为主，还有执壶、瓜棱罐、檐口罐、鸟食罐、熏炉、灯、瓶、盆、钵、腰鼓、笔筒等。施釉以青釉占绝大多数，还有酱釉、铜红釉等。装饰以印花为主，也有刻花、贴花、绘花。创烧于北宋晚期，盛于南宋，至南宋末年废弃。

窑田岭窑址发掘区

窑田岭窑址出土青瓷盏

窑田岭窑址瓷器出土情况

窑田岭窑址出土印模

窑田岭窑址出土青瓷腰鼓

6. 藤县中和窑址

位于梧州市藤县藤州镇中和村北流河东岸，分布范围南北长约 2000 米、东西宽 500 米。1964 年和 1975 年进行发掘，发现斜坡式龙窑 2 座。瓷器使用一钵一器仰烧。胎洁白细腻、坚薄，瓷化度高，制作规整精致。釉莹润透亮、匀净，釉色除白中有青的浅湖蓝色外，还有泛灰、泛青、米黄、褐色等。器形以碗、盘、盏、碟为主，还有壶、瓶、罐、杯、盒、钵、执壶、炉、灯、枕、腰鼓等。花纹装饰，早期多素面，有少量细线刻划纹，北宋晚期至南宋盛行印花装饰，纹饰线条精细，图案严密完整，题材有缠枝花卉、戏婴、鱼虫和飞禽等。烧造年代为两宋。

中和窑址出土青白瓷碗

中和窑址出土青白瓷碗

中和窑址出土印模

中和窑址出土青白瓷盏

中和窑址出土印模

中和窑址出土青白瓷盘

7. 容县城关窑址

位于玉林市容县容州镇绣江（北流河）两岸，分布范围长约 5 千米。1979 年发掘，窑炉为斜坡式龙窑。产品主要是碗、杯、盏、碟、壶、瓶、罐、尊、腰鼓等，器形变化多样。胎质坚薄，白而细腻。施青白釉，釉色晶莹碧绿，有少量施青黄、玳瑁、翠青、绿和红釉。花纹装饰多划花、印花和刻花，品种有莲瓣、菊瓣、荷花、团菊、缠枝花卉等。城关窑一次烧成白瓷胎高温铜绿釉特别是铜红釉器，是中国陶瓷技术的创举，是继唐代长沙窑铜红釉之后又一次重大突破，为元代釉里红、明清红釉奠定了基础。烧造年代为两宋。

城关窑址出土"元祐七年"款刻花缠枝菊纹盏印模

城关窑址出土青白瓷杯

城关窑址出土青白瓷高足炉

城关窑址出土青白瓷碗

城关窑址出土青白瓷粉盒

城关窑址出土青白瓷碟

城关窑址出土红釉碗

城关窑址出土绿釉盏

8. 北流岭垌窑址

位于北流市平政镇岭垌村北流河岸，分布范围约 3 平方千米。1991、1995 年进行发掘，发现 1 座 108 米长的斜坡式龙窑。瓷器均为一钵一器仰烧而成。以碗、盏、盘、碟为主，还有壶、瓶、洗、杯、香炉、罐、灯、砚、枕、腰鼓、盒等。釉色以青白为主，兼有米黄、褐、点彩。装饰花纹有印花、刻划、镂雕和堆塑，花纹有缠枝或折枝、忍冬、荷花、菊花、双凤、游鱼、攀枝婴、摩羯和文字。印模呈蘑菇形，浮雕各种花卉，背面书写或刻划文字。烧造年代为两宋。

岭垌窑址龙窑

岭峒窑址出土青白瓷斗笠碗

岭峒窑址出土青白瓷长颈瓶

岭峒窑址出土青白瓷洗

岭峒窑址出土"开禧丁卯"款云气纹地双飞凤纹盏印模

9. 梧州元丰钱监遗址

位于梧州市万秀区桂江造船厂内。1965 年发掘，2014 年调查确认其分布范围。发现铸币场、操作坑、原料坑、炼炉、储水池、水沟等遗迹，出土大量的熔炉、坩埚、风管、陶杵、废渣、木炭等原材料、冶炼工具和一批铜钱，铸钱场地形平坦，长、宽各约 1.5 米，地面铺有一层厚约 2 厘米的细河沙，有零星钱币发现，应是铸造钱币时放钱范的地方。据文献记载，元丰监规模较大，每年铸造铜钱 18 万缗（每缗为一千枚），是江南六大钱监之一。从出土的铜钱品类来看，都是北宋后期哲宗、徽宗时期的。

元丰钱监遗址出土铜钱

元丰钱监遗址出土坩埚

元丰钱监遗址出土鼓风管

元丰钱监遗址作坊遗迹

元丰钱监遗址出土铜矿

元丰钱监遗址出土铜渣

10.兴业绿鸦冶铁遗址

位于玉林市兴业县龙安镇。分布范围约 120 平方千米，分布点较多且分散。2011 年进行试掘。发现炼炉、烧炭窑等遗迹，出土矿石、炉渣、鼓风管、宋代瓷片等遗物。炼炉呈圆筒形，上小下大，高 280 厘米，外径 101~170 厘米，内径 52~107 厘米，外壁为粗砂黏土烧结，内壁敷细砂等耐火材料层。据宋《舆地纪胜》载："绿鸦场在南流县，收铁六万四千七百斤，往韶州涔水场库交。"《大明一统志》载："绿鸦山在郁林西北三十五里，州人于此淘取青黄泥炼成铁铸为锅。"

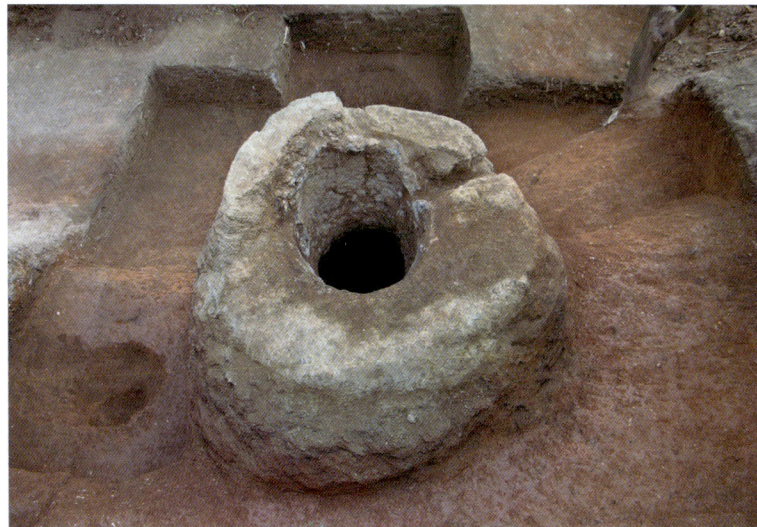

绿鸦冶铁遗址炼炉

绿鸦冶铁遗址炉渣

绿鸦冶铁遗址出土鼓风管

绿鸦冶铁遗址出土矿石

绿鸦冶铁遗址文化堆积

捌　元明清时期

元明清时期的建置沿革，奠定了近现代广西的基本格局。这个时期的文化遗产，有相当部分仍保存至今，如桂林靖江王府、武宣文庙、容县真武阁、合浦文昌塔等。主要考古发现有桂林靖江王府及王陵、田阳田州土司城、北海白龙城、桂平弩滩巡检司城址、凭祥大连城、田东那桓窑址、柳城大埔窑址、南宁三岸窑址等。

1. 桂林靖江王府

位于桂林市秀峰区独秀峰下。为明代藩王靖江王的府城，平面呈长方形，南北长556.6 米、东西宽 355.5 米，东、西、南、北各有一门，城内中轴线上布局有承运门、承运殿、寝宫及御花园月牙池，围绕宫殿等主体建筑还广建楼堂厅馆、亭阁轩室以及宗庙、社稷等礼仪建筑。为配合靖江王府正阳路东西巷历史文化地段保护修缮整治工作，2013 年和 2017 年分别对东巷和西巷进行试掘，在东巷发现了明代靖江王府宗祠基址，平面分布大致呈"回"字形，外面一圈由门楼、外围墙组成，里面一圈由前殿、左右配殿、大殿及内围墙组成。在西巷则发现了社稷坛遗存。另外还发现唐至清各个时期的文化堆积及遗迹、遗物，为研究桂林城市的历史沿革积累了珍贵的考古材料。

靖江王府宗祠基础

靖江王府宗祠的铺石基础

靖江王府西巷出土龙纹青花碗

靖江王府宗祠右配殿石柱础

靖江王府东巷出土青釉红砖

靖江王府西巷出土龙纹琉璃瓦当

2. 桂林靖江王陵

位于桂林市七星区尧山西南麓，西距靖江王府约 6.5 千米。为明代藩王靖江王及其宗亲的墓园，规模宏大，分布范围约 105 平方千米。2012~2015 年为配合靖江王陵考古遗址公园规划与建设，对昭和、温裕、安肃、悼僖、怀顺、宪定、荣穆七座王陵及一处奉祠遗址进行发掘清理，基本搞清各个王陵的陵园布局及构筑方式，还发现了悼僖王陵的奉祠建筑、王陵间相连的道路及亭楼等重要遗存。

靖江安肃王陵

靖江悼僖王陵的陵园道路及亭楼基础

靖江安肃王陵

靖江荣穆王陵

靖江荣穆王陵的砖雕构件

靖江悼僖王陵的望兽

3. 田阳田州土司城

位于百色市田阳县田州镇凤马村右江河岸台地上。2005~2006 年为配合南宁至百色高速公路建设进行抢救性发掘，发掘面积 1074.5 平方米。城址南北长约 500 米、东西宽 300 米，由内城和外城两部分组成，内城是岑氏土司衙署所在地。发现宋、元、明、清时期的建筑遗迹，其中明代为大型建筑，磉墩柱网整齐，规模宏大。出土遗物包括大量的砖、瓦、瓦当、滴水、砖雕等建筑构件，以及陶瓷器、坩埚、网坠、铜钱、铁器、骨簪、牙饰品等遗物。城址地层清晰，叠压关系明显，可以看出从宋至清时期文化层的早晚关系，与史料记载的田州历史沿革及岑氏土司发展历程相吻合。据《中国土司制度》记载，岑氏家族对田州的统治始于宋末元初的岑翔，当时他被封为田州、来安二路总管羁縻诸州，其后人共 25 代不断承袭，从元代至清代一直统治现在的田阳地区。

田州土司城址明代磉墩

田州土司城址出土明代瓦当

田州土司城址出土明代带流青瓷钵

田州土司城址出土明代香炉

田州土司城址出土清代青花盘

4. 北海白龙城

位于北海市铁山港区营盘镇白龙村，处于北部湾南岸。2014 年进行考古调查、勘探和试掘。白龙城是明代集珍珠监采、海盐生产、海防军事于一体的海滨名城，始建于明代洪武初年，城内外置有采珠太监公馆、珠场司巡检署、盐场大使衙门、宁海寺、天妃庙等官署和礼仪建筑，清初曾一度荒废，康熙年间重修后专务于军事海防，抗日战争时期被拆毁。城平面略呈长方形，南北长约 320.5 米、东西宽 233 米，四周筑墙围护，辟有东、南、西、北四个门，南门是正面，南、北面有城壕。城内及城外南面百米范围内堆积有厚度不均的珍珠贝壳，分布面积约 5 万平方米，最厚处达 5 米。

白龙城南城壕

白龙城南城墙夯土墙芯

白龙城出土吻兽

白龙城西城门基础

白龙城出土石炉

5.弩滩巡检司城址

位于桂平市南木镇弩滩村黔江东岸。2015~2016 年为配合大藤峡水利枢纽工程建设进行抢救性发掘。城建于明代，城坐东北朝西南，四周筑墙围护，北墙长 110 米、东墙残长 154 米、南墙残长 126 米、西墙长 180 米，城门在北墙中部，西北角发现角楼基础，北墙北侧有壕沟，城内有房址、灰沟、灰坑、水井等遗迹，出土陶瓷器数量丰富，还有少量钱币、铜镜、砚台、黛砚、铁器、柱础等。城址西面黔江边发现采石场。该城址的发掘，以实物的形式展现了明代基层军事机构的选址、形制及布局，为我们认识明代广西地区的民族关系及社会发展状况增添了可靠的考古材料。

弩滩巡检司城址出土明代青花碗

弩滩巡检司城址航拍图

弩滩巡检司城址柱础

弩滩巡检司城址东城墙剖面

弩滩巡检司城址西城墙北段

弩滩巡检司城址城门

弩滩巡检司城址西北部的西城墙、角楼和壕沟

弩滩巡检司城址的房址

6. 凭祥大连城址

位于凭祥市凭祥镇连全村连城屯及周边群山上。1885 年中法战争镇南关大捷后，广西提督苏元春督办广西边防军务时所营造的广西全边军事指挥中心和屯兵重地。2017~2018 年为配合凭祥市新建博物馆建设进行勘探和发掘，发掘面积 7700 平方米，发现兵营遗址 1 处，出土大量的瓷器、弹壳、铜钱等遗物。城址对研究清末广西边防建筑具有重要的参考价值。

大连城址中路厢房基础

大连城址发掘区

大连城址出土清代青花碟

大连城址南、中、北三路建筑基础

大连城址北路散水

大连城址出土清代铜钱

7. 田东那桓窑址

位于百色市田东县平马镇合桓村那桓屯右江南岸。2011 年为配合鱼梁航运枢纽工程建设进行抢救性发掘，发掘面积 500 平方米，发现龙窑 1 座，出土瓷器标本近千件，另有瓷片及窑具达数万件。瓷器有罐、碗、碟等生活用品及垫饼、支座等窑具，釉色以青釉为主，施釉方式多采用浸釉，施釉一般不及底。器物基本为素面。烧制采用明火叠烧，未采用匣钵装烧。产品相对粗糙且略显单一，主要为满足当地民间需求。烧造年代为元代。

那桓窑址发掘场景

那桓窑址龙窑

那桓窑址龙窑窑床

那桓窑址废品堆积

那桓窑址出土瓷片

那桓窑址出土瓷片

8. 柳城大埔窑址

位于柳州市柳城县大埔镇，包括木桐、龙庆和靖西三个窑区，分布面积约 5.5 万平方米。1992 年和 2017 年为配合大埔水电站、大埔至凤山二级公路改扩建工程建设进行抢救性发掘。发现斜坡式龙窑 1 座，是以烧制生活日用器为主的青瓷民窑。瓷器以碗、碟、盘、杯、盏为主，釉色为青、酱、月白、仿钧釉。运用刻划、模印和点洒彩等手法装饰。常见的纹饰有莲花、菊花、水藻、莲瓣、菊瓣和鹿、双鱼、双凤等动植物，以及捺印福、富、宝、和合、吉利等汉字和八思巴文。大埔窑址与兴安严关窑存在明显的技术传承，是研究元代青瓷制造业的重要资料。

大埔窑址瓷器出土情况

大埔窑址出土青瓷碗

大埔窑址出土青瓷碗

大埔窑址出土青瓷碗

大埔窑址出土垫饼

9. 南宁三岸窑址

位于南宁市青秀区三岸大桥东侧邕江北岸。2015~2016年为配合邕宁水利枢纽工程建设进行抢救性发掘，发掘面积2000平方米，揭露龙窑3座，出土大量的青瓷器，以罐、缸、碗、烟斗等为主，还有匣钵、支钉、垫烧具、火照等窑具。龙窑的烧造规模较大，产品类型丰富，延烧的时间比较长，从明代延续到清代晚期。三岸窑址对研究广西陶瓷的发展史具有重要意义，尤其是大量烧造的烟斗，对研究中国明清时期的烟草文化具有重要学术价值。

三岸窑址1号龙窑

三岸窑址3号龙窑

三岸窑址瓷器出土情况

第四单元

文物保护

    60 年来，广西的文物保护工作力量从无到有，现已拥有可移动文物保护、文物保护规划、修缮设计等力量，开展了大量文物保护工作，完成了大量保护项目。古建筑维修保护严格遵守"不改变文物原状"的原则以及保护"文物古迹的真实性、完整性"的原则，完成了数量众多、保护级别不同、类型不一、规模不等的不可移动文物的维修，恢复了古建筑的历史风貌。对可移动文物，通过科学工作方法，进行很好的保护修复，使大量遭受腐蚀病害的馆藏珍贵文物得到有效保护和合理利用，而且还为进一步研究提供科学依据。

    文物保护工作取得了丰硕的成果，承担完成不可移动文物保护勘察设计项目 300 多个，实施完成文物保护修缮工程项目近 100 个。承担完成可移动文物保护修复方案 20 多个，实施完成可移动文物保护修复专项 10 多个，结合完成的考古现场出土文物保护修复，共完成可移动文物（馆藏文物）保护修复数量近 5000 件（套）。

壹 不可移动文物保护

1. 恭城文庙等古建筑群

位于恭城瑶族自治县恭城镇拱辰街和太和街,由文庙、武庙、周渭祠、湖南会馆等四座明清时期院落式布局的古建筑群组成,是全国重点文物保护单位。

文庙又称孔庙,是祭祀孔子的建筑,始建于明永乐八年(1410 年),道光二十二年(1842 年)重修,中轴线建筑有状元门、棂星门、泮池和状元桥、大成门、大成殿、崇圣祠,两侧还有礼门、义路、碑亭、乡贤祠、名宦祠、庑殿等建筑,占地面积 3600 平方米,建筑面积 1800 平方米,是南方地区保存最完整的文庙之一。武庙是祭祀三国名将关羽的建筑,始建于明万历三十一年(1603 年)。周渭祠是为了祭祀宋代任御史的恭城人周渭,始建于明成化十四年(1478 年)。湖南会馆与周渭祠相邻,是湖南商人于清同治十一年(1872 年)兴建。恭城古建筑群的选址、规划等参照了《周易》八卦、堪舆等理论学说,是南方地区保存较完整的由不同类型建筑组成的一组明清建筑群。1993、2002、2008 年组织编制维修方案及施工。

湖南会馆门楼

周渭祠和湖南会馆全景

马殷庙大殿外景

2. 富川马殷庙

位于富川瑶族自治县油沐乡福溪村，是祭祀五代十国时期楚国（即今长沙）国王马殷的建筑，由两庙一桥组成，是全国重点文物保护单位。一座供奉马殷任都督时的武官像，称马楚都督庙，因为此庙百柱林立，又称百柱庙。一座供奉马殷称王时的文官像，称马楚大王庙。马楚大王庙始建于明洪武二十五年（1392年），马楚都督庙主殿始建于明永乐十一年（1413年）。马殷庙建筑群是南方瑶族地区保存最完整、年代最早、规模最大、构件带有较多宋式风格的木结构古建筑。2002年组织编制维修方案及施工。

马殷庙大殿内景

3. 中国工农红军第七军军部旧址

位于百色市解放街，旧址原为粤东会馆，始建于1720年，现存建筑为清中期建筑，占地面积2331平方米，建筑面积2661平方米，是全国重点文物保护单位。建筑坐西向东，有前、中、后三殿，殿两侧配以相对称的三进厢房和庑廊，殿、廊皆为梜木大圆柱或花岗岩方条石柱支撑，脊饰、壁雕精美，具有典型的清代南方建筑风格。1929年12月11日，在中共广西前委邓小平、张云逸、雷经天、韦拔群等同志领导下，在百色举行武装起义，宣布成立中国工农红军第七军，军部设立在粤东会馆内。2003年组织编制维修方案及施工。

中国工农红军第七军军部旧址前殿正立面

中国工农红军第七军军部旧址中殿和庑廊

4. 昆仑关战役旧址

位于南宁市兴宁区昆仑镇欧廖村的昆仑山和领兵山之间山隘中。旧址包括昆仑关国民党陆军第五军昆仑关战役阵亡将士墓园和昆仑关古关遗址两部分。国民党陆军第五军昆仑关战役阵亡将士墓园是 1944 年国民党第三十八集团军第五军为纪念 1939 年昆仑关战役阵亡将士而兴建的墓园。古关遗址是宋代至清代古关隘遗址。墓园包括南牌坊、登山台阶、阵亡将士纪念塔、阵亡将士墓、纪念碑亭、北牌坊、中村正雄墓。2006 年被公布为全国重点文物保护单位。2004～2005 年、2014～2015 年多次修缮、加固和保护。

昆仑关关楼维修前

昆仑关关楼维修后

昆仑关纪念塔维修前

昆仑关纪念塔维修后

昆仑关南牌坊保护修复前

昆仑关南牌坊清洗、脱盐及憎水保护修复后

5. 陆川县谢鲁山庄

位于陆川县乌石镇谢鲁村寨燕子山山麓上子屯，由旧桂系陆军少将吕芋农始建于1920年，由山门、迎屐、湖隐轩、水抱山环处、树人堂等二十多座主要建筑、门楼和亭子组成，庄园占地面积266400平方米，建筑面积2565平方米。它将朴、拙、幽、雅的传统造园艺术风格重点演绎，是岭南地区传统宅第园林的典型代表，2013年被公布为全国重点文物保护单位。2004、2008年经过多次的维修加固。

湖隐轩维修前

湖隐轩维修后

水抱山环处维修前

水抱山环处维修后

6. 广西高等法院办公楼旧址

位于南宁市朝阳路 3 号，为自治区重点文物保护单位。该建筑坐北朝南，始建于民国十一年（1922 年），时称"洋楼"，是一栋三层楼的仿西洋式建筑。占地面积 488 平方米，建筑面积 1476 平方米。2006、2014 年进行修缮保护。

7. 李济深故居

李济深（1885～1959 年）是著名的民主革命家和爱国主义者，其故居位于苍梧县大坡镇料神村，是全国重点文物保护单位。故居坐北向南，占地面积 5362 平方米，现存建筑南面宽 49.7 米，南至北进深 22 米，总建筑面积 2010 平方米，为砖木结构楼房。前面两座为两层楼，后座为三层楼，三座均联成一体，故居有大小厅房共 53 间。庭院内除种植荔枝等果树外，附设有球场、水井、水塘、凉亭等设施，四周建有炮楼。2007、2008 年组织编制维修方案及施工。

广西高等法院办公楼旧址维修前

广西高等法院办公楼旧址维修后

8. 南宁（越南）育才学校总部

位于南宁市心圩镇和德村九冬坡的黄家祠堂。1951年毛泽东主席应越南胡志明主席的要求，同意越南在中国广西举办革命干部学校，培养越南的干部人才。该校成立之初，总部就设在黄氏祠堂内。该祠堂为两进一院两厢一拜亭的四合院布局，占地面积340平方米，建筑面积255.4平方米。育才学校不仅是越南革命干部的摇篮，也是培植中越两国友谊的园地，有着极其特殊的历史意义。为全国重点文物保护单位。2007年进行修缮保护。修缮完成后的育才学校总部，多次接待曾在此读书的越南国家领导人。

9. 玉林文庙大成殿

位于玉林市解放路古定小学内，始建于宋至道二年（996年），初名至圣庙，庙址在城南的南流江畔。元至正三年（1343年），知州张绥摊迁建今地。元明清三代，玉林地方官吏仿效曲阜孔庙，屡次重建、扩建、重修，直至清康熙五十二年（1713年）整个孔庙重修全面落成。光绪三十四年（1908年）至1936年，孔庙的照壁、礼门、义路、棂星门等建筑物均相继被破坏无存，现仅存大成殿。2008年进行修缮保护工作。

南宁（越南）育才学校总部维修前

南宁（越南）育才学校总部维修后

玉林文庙大成殿维修前

玉林文庙大成殿维修后

10. 广西农民运动讲习所旧址

广西农民运动讲习所旧址，又名"列宁岩"，位于东兰县武篆镇巴学村拉甲山山腰的岩洞内，原名"北帝岩"，岩洞总面积 8320 多平方米，是全国重点文物保护单位。1925 年 11 月，韦拔群在北帝岩创办广西第一个农民运动讲习所；1930 年，红七军前委书记邓小平、军长张云逸等来到东兰县武篆镇，认为韦拔群在北帝岩传播马列主义，值得纪念，提议把北帝岩改称列宁岩。2009 年组织编制维修方案及施工。

广西农民运动讲习所旧址维修前

广西农民运动讲习所旧址维修后

广西农民运动讲习所旧址维修前

广西农民运动讲习所旧址维修后

11. 桂东南起义司令部旧址

位于兴业县城西南 18 千米的城隍镇龙潭村委会辖区的寨寮村内，主体建筑震声楼始建于 1911 年，是院落式建筑组群中的一幢民国早期仿西洋建筑风格的碉楼式砖木结构四层楼房。1944 年 10 月，为组织发动桂东南抗日武装起义，根据中共广西省工委的决定，在此楼设立中共桂东南抗日游击办事处、兴业县人民抗日自卫军司令部，在此召开过中共兴业县委扩大会议，领导和指挥了桂东南地区的抗日武装斗争。2014 年进行修缮保护工作。

桂东南起义司令部旧址震声楼维修前

桂东南起义司令部旧址震声楼维修后

英领事署旧址维修前

12. 英领事署旧址

位于梧州市珠山河滨公园白鹤岗顶，为全国重点文物保护单位。清光绪二十三年（1897 年），中英两国签订了《中英缅滇续约》，梧州辟为通商口岸，英国强占梧州白鹤岗兴建了领事署。该旧址由平面呈"凹"字形的券廊式主体建筑和平面呈"L"形的附属建筑组成，总占地面积约 1500 平方米，总建筑面积约 1100 平方米。2011 年进行修缮保护。

英领事署旧址维修后

13. 武鸣明秀园

位于武鸣县城厢镇灵源村乡宦屯西，原名"富春园"，为清末乡宦梁姓举人的私家园林。民国八年（1919年），两广巡阅使、耀武上将陆荣廷以其叔陆明秀的名义买下，并改名为"明秀园"。明秀园三面环水，平面呈半岛形，占地面积42亩，现存建筑有民国时期修建的园门、围墙、别有洞天亭、荷风簃亭、鸣山中学校址和修志房，以及20世纪50年代为研创壮文拼音修建的两幢专家用房。园内古树参天，怪石嶙峋，小径纵横，庭阁相映，是广西境内现存四大名园之一。2000年公布为广西自治区级文物保护单位。2006、2009~2011年组织编制修缮方案，并实施修缮保护工程。

明秀园维修前

明秀园维修后

荷风簃亭维修前

荷风簃亭维修后

14. 东兰劳动小学旧址

位于东兰县县城的虎头山脚，兴建于光绪三十二年（1906 年），原为东兰县立高等小学堂；民国十年（1921 年）更名为东兰高等小学；1929 年东兰县苏维埃政府成立，并在此创办了东兰县劳动小学；1930 年，中国工农红军第七军第三纵队部曾设于此。1981 年 5 月公布为东兰县文物保护单位。该旧址为一处庭院式建筑组群，主体建筑坐东北向西南，由门楼、庭院、东西厢房和主座组成，占地面积 1345 平方米，建筑面积 1272 平方米，各单体建筑均为硬山顶小青瓦屋面。因年久失修，旧址内残破不堪，2007 年编制修缮方案，2009 年组织修缮工程施工。

东兰劳动小学旧址门楼维修前

东兰劳动小学旧址门楼维修后

东兰劳动小学旧址庭院维修前

东兰劳动小学旧址庭院维修后

15. 灵川江头村和长岗岭村古建筑群

位于桂林市灵川县境内，始建于明代，兴盛于清代，是有着六百余年悠久历史的古村落。现存明清至民国时期的建筑共 200 多座，建筑面积 2 万多平方米。其整体规划布局独特，建筑类型丰富，规模宏大，建筑装饰艺术丰富精美，作为桂林市灵川县独特的地域文化资源，具有极高的科学价值、人文价值和旅游价值。2006 年公布为全国重点文物保护单位。2010～2014 年组织编制修缮方案。

灵川县江头村古建筑维修前

灵川县江头村古建筑维修后

白崇禧故居主楼内部维修前

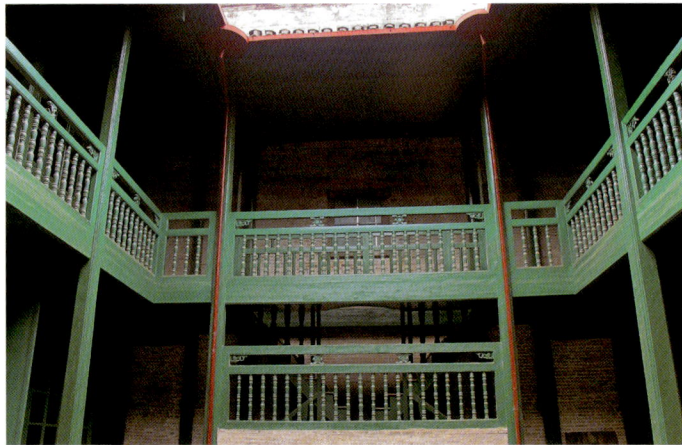

白崇禧故居主楼内部维修后

白崇禧故居附属用房维修前

白崇禧故居附属用房维修后

白崇禧故居主楼维修前

16. 临桂白崇禧故居

位于临桂县会仙镇山尾村。故居始建于 1928 年，院落式平面布局，砖木结构建筑，由主楼和附属建筑两部分组成，坐西向东，占地面积 922 平方米，建筑面积 830 平方米。2001 年公布为县级文物保护单位。2013～2014 年组织编制修缮方案和修缮施工工作。

白崇禧故居主楼维修后

17. 西林岑氏家族建筑群

位于百色市西林县那劳乡那劳村。明弘治年间（1488～1505 年）由上林长官司土司岑密始建，后经其清代后裔在原土司府基础上维修扩建，形成现今规模。建筑群依山而建，包括岑氏土司府、将军庙、旧府、宫保府、南阳书院、增寿亭、荣禄第、岑氏祠堂、思子楼、孝子孝女坊、围墙、炮楼和南北闸门等建筑，占地面积约 4 万平方米，建筑面积 4073 平方米。岑氏家族建筑群是桂西、桂西北壮族地区规模最大、延续时间最长、保存最为完整的土司建筑群，在广西乃至西南地区现存的土司府第、衙署中占有一定的地位。尤其历经明、清两朝的演变和发展，反映了我国西南少数民族地区土司制度的兴亡历程，对研究壮族的历史、壮族建筑均有重要的价值。2013 年公布为全国重点文物保护单位。1999～2001、2014～2016 年多次组织编制修缮方案，并实施了修缮工程的施工工作。

西林岑氏家族建筑群全景

西林岑氏家族建筑群思子楼维修前

西林岑氏家族建筑群思子楼维修后

西林岑氏家族建筑群增寿亭维修前

西林岑氏家族建筑群增寿亭维修后

18. 北海普仁医院医生楼

旧址位于北海市人民医院内，是 1886 年修建的英国安立间教会医院医生的住宅楼；新中国成立后为市人民医院使用；2001 年公布为全国重点文物保护单位。该建筑为券廊式砖木结构二层楼房，平面呈长方形，通长 26.2 米，通宽 12.9 米，通高 12.2 米，建筑面积 675.96 平方米，四坡顶布筒瓦灰裹垄屋面。普仁医院为西方医学文化传入北海的历史见证物，是 19 世纪末英国"安立间"教会创办北海最早的西医医院，是研究北海市西洋建筑的有力实例。因年久失修，旧址内出现严重残损，2004 年编制修缮方案并施工修缮。

19. 程阳风雨桥

程阳风雨桥，又名"永济桥""盘龙桥"，位于三江侗族自治县城古宜镇北面 20 千米处。建于 1912 年，主要由木料和石料建成，为石墩木结构楼阁式建筑，是全国重点文物保护单位。河中有五个石砌大墩，桥面架杉木，铺木板。桥长 64.4 米，宽 3.4 米，高 10.6 米，桥的两旁镶着栏杆，好似一条长廊；桥中有 5 个多角塔形亭子，飞檐高翘，犹如羽翼舒展。程阳风雨桥是侗寨风雨桥的代表作，是目前保存最好、规模最大的风雨桥，是侗乡人民智慧的结晶，也是中国木建筑中的艺术珍品。1983～1984 年进行维修。

北海普仁医院医生楼

20. 南宁新会书院

位于南宁市解放路 42 号，始建于清乾隆年间，道光二十三年（1843 年）重修，前座于民国三十一年（1942 年）局部被日军飞机炸塌后再次重修。现存建筑坐东北向西南，为三进两院二连廊的院落式建筑组群，占地面积约 766 平方米。各单体建筑均为砖木结构，硬山顶灰裹垄屋面，插梁式木结构。会馆是典型的广府式建筑风格，它对研究清代南宁乃至广西同广东及西南等周边地区的经济、文化交流具有重要历史价值。2002 年编制修缮方案并修缮。

南宁新会书院建筑群

21. 邕宁五圣宫

位于南宁市邕宁区蒲庙镇蒲津路 63 号，是祭祀北帝、龙母、天后、伏波和三界的庙宇，故称"五圣宫"，是自治区文物保护单位。始建于清乾隆八年（1743 年），乾隆五十九年（1794 年）和光绪十一年（1885 年）两次重建。现存建筑群平面呈"工"字形，分三路分布，中路为两进一院一拜亭，东、西两路对称分布为二进一院布局。整组建筑群坐南朝北，东西通长 24.38 米，南北通宽 19.58 米，占地面积 477.36 平方米，建筑面积 441.68 平方米。2004 年组织编制修缮方案及施工。

邕宁五圣宫维修前

邕宁五圣宫维修后

22. 灌阳关帝庙

位于桂林市灌阳县城关镇解放路，始建于明万历四十八年（1620 年），历经明朝天启、清朝康熙、乾隆、同治和光绪年间的多次修缮，2009 年更名为慧明寺。现存建筑基本完整，坐西北向东南，为三进两院四连廊一街廊组成，东西通宽 11.9 米，南北通长 35.65 米，建筑面积 402 平方米，总占地面积 428 平方米。1994 年公布为自治区级文物保护单位。2003 年和 2008 年先后两次组织编制修缮方案。

23. 全州燕窝楼

燕窝楼又称蒋氏宗祠，位于桂林市全州县永岁乡石岗村，该祠建于明正德六年（1511 年），由该村时任工部右侍郎蒋淦主持修建，于嘉靖七年（1528 年）建成。由牌楼、门厅、天井、两侧连廊、中厅、雨亭、横廊和后厅等建筑组成，建筑坐西北朝东南，占地面积 493 平方米，建筑面积 418 平方米。牌楼为三门四柱三楼式全木构建筑，檐面和额枋间采用如意斗拱层层出翘，形如"燕窝"。燕窝楼结构奇巧独特，是研究我国明清建筑的有力实例。2006 年公布为全国重点文物保护单位。1989～2010 年组织编制维修方案及施工。

全州燕窝楼维修前

全州燕窝楼维修后

全州关岳庙维修前

24. 全州关岳庙

关岳庙，俗称马山庙，中国工农红军第七军前委会议旧址，位于桂林市全州县全州镇十字街上。始建于清嘉庆年间，1931年元月中国工农红军第七军在此召开前委会议。关岳庙坐北朝南，平面呈矩形，面阔三间，进深三间，总占地面积约330平方米，建筑面积约273平方米，重檐歇山顶小青瓦屋面，砖木结构建筑。具有传统岭南建筑与官式建筑相结合的建筑风格特征，其结构复杂多变、工艺精湛，是全州县保存较好的一座古庙宇及革命旧址，具有较高的历史、艺术和科学价值。1994年公布为自治区文物保护单位。2013年组织编制修缮方案。

全州关岳庙维修后

25. 全州妙明塔

位于桂林市全州县全州镇北门社区桂黄中路 62 号的湘山寺内，始建于唐咸通二年（861 年）；原塔为五层，宋元丰至元祐年间，改为七层；南宋绍兴五年（1135 年）赐敕名"妙明塔"，明清两代维修时仍沿袭了宋代的作式。现存塔身系宋代佛塔，砖身木檐混合结构，七层七檐，攒顶楼阁式空心塔，平面呈正八边形，塔通高 27.7 米，底直径 6.6 米。塔内外嵌刻功德和记事碑 28 通。该塔是典型的宋代佛塔做法，具有很高的历史和艺术价值，为研究佛教建筑提供了实例。2013 年公布为全国重点文物保护单位。1988～2009 年组织编制修缮方案及施工。

全州妙明塔维修前

全州妙明塔维修后

花山岩画课题组成员实地调查

26. 花山岩画保护

　　花山岩画为左江流域岩画群的代表，位于崇左市宁明县城中镇耀达村明江西岸，是战国至东汉时期左江流域壮族先民骆越人活动遗留下来的遗迹，国内外著名的古代涂绘类岩画点，至今已有 1800～2500 年的历史。画面幅宽约 221 米，高约 40 米，面积约 8000 平方米，除模糊不清的外，可数的图像尚有 1951 个，大约可分为 110 组图像。岩画以赤铁矿和植物胶混合调制的颜料，用剪影平涂式的绘制方法绘制。花山岩画粗犷的外貌及活跃的动感，是壮族先民绘画艺术的不朽杰作及传承基础，具有很强的艺术内涵和重要的考古研究价值。2016 年列入世界遗产名录。2003～2005 年，广西文物工作队、西北大学和北京科技大学合作进行宁明县花山岩画风化机理研究。

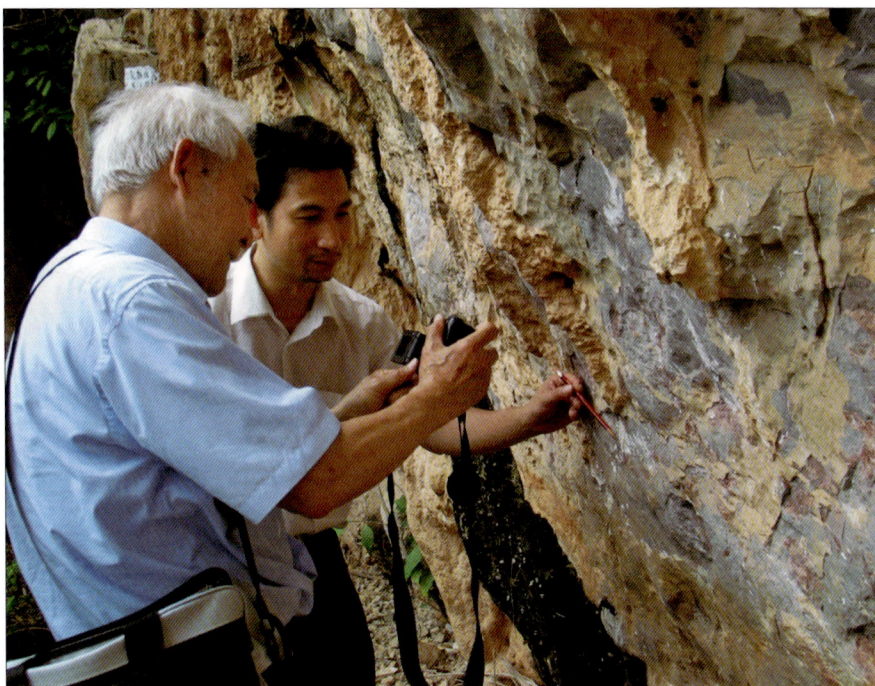

袁道先院士指导花山岩画保护工作

27. 武宣文庙

武宣文庙，又称黉学宫、县学宫，位于来宾市武宣县武宣镇的东街，由文庙和学宫两部分组成。文庙始建于明宣德六年（1431 年），学宫创建年代不详，历经明、清、民国相继修葺，形成了现今规模。文庙整体坐北朝南，占地面积 4760 平方米，为四进院落式的建筑组群，由南向北依次有万仞宫墙、棂星门、礼门、义路、碑亭、东西厢房、泮池、状元桥、大成门、名宦祠、乡贤祠、东西庑、月台、大成殿、崇圣祠和后门楼组成。学宫原仅存遗址位于文庙东侧，后经修复，由儒学门、仪门、厢房、明伦堂、游廊和尊经阁等建筑组成。整座文庙的建筑布局完整，建筑风格具有浓郁的地方特色，是广西现存文庙中规模较大的文庙之一，具有较高的历史、科学和艺术研究价值。1994 年公布为自治区文物保护单位。2010～2011 年组织编制了修缮设计方案。

武宣文庙维修前

武宣文庙维修后

28. 大士阁

位于合浦县山口镇永安村的原永安古城内，永安古城是明代在沿海地区修建的卫所之一。大士阁坐北朝南，面阔三间，总进深六间，由前后两座相连的重檐歇山顶楼阁组成。前座为九檩穿斗式木构架，后座为十一檩木构架，由抬梁式和穿斗式木构架混合组成。整个建筑以后座的四柱厅为中心，上层有木板围护，楼面使用木楼板，设门窗等装修。下层敞开无围护。梁枋施以具有南方特点的民间彩画。阁顶各屋脊以龙、凤、花草鸟兽等雕塑装饰，工艺精美，栩栩如生，整个建筑显得古朴绮丽。大士阁对于研究我国古代海防设施、南方古代木结构建筑和岭南地区民俗的发展有重要的价值，1988年公布为全国重点文物保护单位。1992年组织编制了修缮设计方案及施工。

大士阁

29. 柳侯祠

位于柳州市文惠路原柳侯公园内，初名"罗池庙"，后改名为"柳侯祠"，是纪念唐代文学家、思想家、政治家、柳州刺史柳宗元的祠庙。该祠从唐代建成至今，历朝都对其进行过修葺和扩建，现址为明代柳侯祠庙址，清宣统元年（1909年）在原址上重建。新中国成立后几经修葺，现存的柳侯祠为清代样式，为三进两院两厢房两碑廊布局，建筑为砖木结构，占地面积约2000平方米。祠内保存有"荔子碑"等许多珍贵石刻40余方，这些石刻2006年公布为全国重点文物保护单位。2001~2005年组织编制了修缮方案及维修。

柳侯祠全景

30. 八路军桂林办事处旧址

位于桂林市中山路 144 号，1996 年与灵川县八办物资转运站旧址一并公布为全国重点文物保护单位。1938 年武汉沦陷前夕，中共中央决定在桂林设立八路军办事处和南方局办事处，并将办公地点设立在桂林市中山路临街商铺的"万祥坊"内。"万祥坊"的建筑建于民国年间，坐东向西，由主座、厢房和围墙组成，是一处高二层的三合院式砖木结构楼房，占地面积约 340 平方米，建筑面积 390 平方米。因年久失修，整座旧址的建筑损坏较为严重，2004 年编制了修缮方案，并对旧址的建筑进行落架大修。修缮后的旧址达到预期效果，并得到了有效的保护。

防城港刘永福故居

31. 防城港刘永福故居

位于防城港市防城区那良镇那楼村木厂组内，始建于清光绪十四年（1888 年），是一处坐北向南的建筑组群，占地面积约 1300 平方米。故居沿东、中、西轴线分三路纵向分布，其中中轴线为主体建筑，东、西两路为附属建筑，各单体均为青砖搁檩的砖木结构建筑。1985 年公布为县级文物保护单位。2011 年由我所承担故居的修缮方案编制和修缮施工工作。修缮后的刘永福故居，最大限度保留了原有建筑的特色和风貌。

32. 廖磊公馆

位于柳州市中山东路 36 号，为民国时期新桂系将领廖磊的公馆。公馆建于 20 世纪 20 年代末 30 年代初，由主楼、警卫室、门楼和围墙等建筑组成。主楼为一座砖混结构的三层楼房，建筑面积约 600.68 平方米，屋面为布筒瓦灰裹垄瓦面，外观为仿西洋式建筑，是柳州市现存不多的中西合璧的建筑之一。1996 年公布为柳州市文物保护单位。2003 年组织编制维修方案，并于 2004 年组织维修。

廖磊公馆

33. 梧州白鹤观

位于梧州市城西鸳鸯江畔白鹤岗之南麓，东临桂江，背靠珠山，占地面积约 2000 平方米，是自治区级文物保护单位。据《苍梧县志》记载，白鹤观始建于唐开元年间（713～741 年），后来咸通年间（860～870 年），翰林学士郑畋被贬谪为苍梧太守时增修观宇，康熙年间再度重修。现存一座清代主殿，其面阔三间进深三间，通面阔 11.56 米，通进深 10.59 米，高 8.4 米，建筑面积 133 平方米，为抬梁式砖木结构，硬山屋顶筒板瓦屋面。由于自然因素以及人为的破坏，观宇残损严重。2001 年由我所承担了白鹤观修缮工程的施工工作，修缮后的白鹤观最大限度地保留了原有建筑的特色和风貌。

34. 忻城莫土司衙署

位于来宾市忻城县城东西宁街 98 号翠屏山山麓，始建于明万历十年（1582 年），由忻城第八任土司莫镇威完成衙署主体建筑，后经历任土司拓建附属建筑，形成现今规模宏大的土司衙署建筑群。莫土司衙署主要由土司衙门、莫氏祠堂、土司官邸、大夫第和三界庙等建筑组群组成。各建筑组群均坐南朝北，总占地面积 38.9 万平方米，建筑面积约 4 万平方米，是全国现存规模最大、保存最完好的土司建筑群。衙署内的建筑既有中原汉族建筑的特点，也有当地民族特色，是研究土司文化不可多得的实物资料。1996 年公布为全国重点文物保护单位。2003 年组织方案编制及施工。

忻城莫土司衙署建筑群全景

35. 梧州中山纪念堂

位于梧州市上三里 18 号的中山公园内。孙中山先生先后三次到梧州进行革命活动，为了纪念他为国为民的丰功伟绩，梧州善后处处长李济深倡议集资在北山公园内筹建中山纪念堂，纪念堂于 1926 年元月奠基，1930 年 10 月竣工，是全国最早建成的孙中山纪念堂。纪念堂为中西结合的砖混结构建筑，建筑坐北向南，平面呈倒 "T" 字形，南北通长 35 米、东西通宽 44 米，占地面积 1630 平方米，建筑面积 1330 平方米，内分有前后厅、会场、主席台（舞台）和地下室。纪念堂建筑形式富有特色，装饰精美，有较高的历史、艺术和科学价值。2006 年公布为全国重点文物保护单位。2003 年组织修缮方案编制和施工。

36. 南宁两湖会馆

位于南宁市解放路 38～40 号，始建于清代中期，是湖南、湖北在邕商人集资兴建，用于在邕两湖商人联络、议事的场所。2001 年公布为市级文物保护单位。该会馆坐东北向西南，为三进两院二连廊布局，前座在民国时期改为三层骑楼，中、后座为面阔三间进深三间，插梁式梁架，五级马头山墙。2004～2006 年编制了修缮方案并进行了落架大修。

梧州中山纪念堂

南宁两湖会馆

南宁两湖会馆落架维修

37. 象州郑小谷故居

位于象州县寺村镇大井村民委白石村。晚清进士"江南才子""两粤宗师"郑献甫曾在这里居住。郑献甫，原名存贮，字献甫，别字小谷。1801年郑小谷生于象州寺村白石村，1872年病逝于讲台上。故居现存门楼、主座、西笑亭、郑氏祠堂等5座建筑，占地面积1175平方米，建筑面积414平方米。

2008年6月，象州县人民政府将其公布为县级文物保护单位。2014年编制了修缮方案，2015～2016年对现存建筑进行了全面修缮方案设计和施工工作。

象州郑小谷故居维修前

象州郑小谷故居维修后

38. 桂平三界庙

三界庙位于桂平市金田镇南街，太平军前军指挥部旧址，金田起义地址的重要组成部分，全国重点文物保护单位。1851 年 7 月 19 日太平军从紫荆山转移到新圩（今金田镇），将前军指挥部设在三界庙内，直到 8 月 15 日突围向平南县进军北上。三界庙始建于清顺治十八年（1661 年），清嘉庆、同治年间做过较大的修缮。庙内供奉天、地、人三界神故名。建筑坐北向南，主体建筑为四合院式布局，分为前座、天井、后座、庑廊、西厢房、后厢房和后附房，建筑面积 302 平方米。1994、2003 年对三界庙进行了修缮。

桂平三界庙

防城白龙炮台

39. 防城白龙炮台

位于防城港市防城区江山乡白龙村白龙尾，由白龙台、银坑台、龙珍台和龙骧台组成，呈半圆形分布在四个小山包顶上，总称"白龙炮台"。炮台建成于清光绪二十年（1894 年），由当时的海口营管带陈良杰督建，其结构样式基本相同，均为半地穴式炮台，其中白龙台、银坑台各设露天炮位 2 座，龙珍台、龙骧台各设露天炮位 1 座。炮位后山挖山坡用砖石修筑券拱形地道、兵房、弹药库等设施。2006 年白龙炮台作为连城要塞遗址的一处文物点，公布为全国重点文物保护单位。2004 年对白龙台、银坑台进行了修缮加固。

40. 桂平东塔

位于桂平市城东4千米浔江南岸的河沿上，是古代广西水路交通枢纽上著名的风水塔。该塔建于明万历年间，为穿壁绕平座楼阁式砖木塔，平面呈八边形，底径12米，底层墙厚4米，外观9层，内设14层，通高50米。各层自下而上逐层缩小。塔顶为攒尖顶，上载覆盆、仰莲和葫芦组合的塔刹。一层墙面为假清水墙面外，其余各层均为白灰抹面，角柱、枋、壶门及菱角牙夹层均为朱红色。1981年公布为自治区文物保护单位。1995年对桂平东塔进行了修缮。

桂平东塔

桂林广西省立艺术馆旧址

41. 桂林广西省立艺术馆旧址

位于桂林市秀峰区解放西路85号。由我国著名戏剧家欧阳予倩主持筹建，抗战时一度毁于战火，1946年在原址上按原图纸重建。艺术馆为抗日战争时期，一批进步文化人士在桂林所设立的艺术机构，对革新桂剧和促进广西戏剧、美术、音乐等艺术起到了积极作用。该馆坐南朝北，是一座中西合璧的砖木结构剧院，红砖墙小青瓦屋面，桁架构架，东西通宽20.8米，南北通长39.3米。内设两层，一层面积为1125.75平方米，二层面积为132.91米。2009年公布为自治区重点文物保护单位。2004年进行了修缮工作。

平果阳明洞摩崖题刻切割前

42. 平果阳明洞摩崖题刻

　　阳明洞摩崖题刻位于平果县新港口对面江岸，因岩洞上岩刻有"阳明洞天"四个大字，故称为阳明洞，在洞口的峭壁上，还刻有明嘉靖年间及清朝康熙、乾隆等各个历史时期的题刻，该处石刻为县级文物保护单位。由于金鸡滩水利枢纽建设，该石刻受江水淹没危害，2006 年，组织阳明洞 5 方摩崖石刻的切割搬迁、异地保护。

平果阳明洞摩崖题刻切割过程

43. 柳州摩崖石刻

2016年，为了有效保护受到自然环境和人为因素影响而产生病害的柳州石刻，对柳州市100多方摩崖石刻进行保护修复，通过清除石刻表面污染物、治理地衣苔藓以露出字迹，并拓印保存档案，深洗脱盐后进行防风化渗透加固处理，达到了保护目的，并通过项目验收。

柳州摩崖石刻清洗处理前

柳州摩崖石刻拓片

柳州摩崖石刻清洗防风化加固处理后

贰　可移动文物（馆藏文物）保护修复

（一）考古现场出土文物保护修复

配合考古发掘，完成考古现场出土文物保护修复 4000 多件（套）。考古现场出土的文物受埋藏环境等因素影响，产生了开裂、缺损、变形、锈蚀、污渍等病害，为了有效保护文物，及时整理资料撰写考古发掘报告，需要对其进行考古修复。多年来，共完成合浦汉墓、贵港汉墓、田东百银古城遗址、永福县窑田岭窑遗址、富川县马山窑遗址等出土的陶器、瓷器、铜器、铁器等文物的考古修复 4000 多件（套）。

（1）2010 年贵港梁君垌 M14 出土汉代陶船保护修复。

（2）2013 年组织技术人员对发掘的出土汉代文物进行考古保护修复。

（3）2016 年田东县百银城遗址出土文物保护修复。

（4）2018 年富川县马山窑遗址出土文物保护修复。

梁君垌 M14 汉代陶船保护修复前

梁君垌 M14 汉代陶船保护修复后

专业技术人员在保护修复出土汉代文物

田东县百银城遗址出土各类陶瓷器保护修复后

修复人员正在修复富川县马山窑遗址出土文物

经过考古修复的富川县马山窑遗址文物

（二）馆藏文物专项保护修复

实施馆藏文物专项保护修复，共完成 10 多项，保护修复文物 500 多件（套）。

1. 桂平市博物馆馆藏金属文物保护修复

2014 年，广西文物保护与考古研究所和北京大学考古文博学院合作完成了桂平市博物馆馆藏金属文物 24 件（套）的保护修复，使该批腐蚀病害严重的文物得到了有效保护，达到陈列展览目的。

唐四蝶双鹊纹葵瓣形铜镜修复前

唐四蝶双鹊纹葵瓣形铜镜修复后

元银匜修复前

元银匜修复后

2. 广西文物保护与考古研究所馆藏青铜器及玉石器文物保护修复

2014年，广西文物保护与考古研究所和北京大学考古文博学院合作对本所馆藏21件（套）青铜器及玉石器文物进行保护修复，使该批文物得到有效保护，达到陈列展览利用目的，同时保护修复过程获取的分析数据为进一步研究广西出土青铜器和玉石器文物的制作工艺以及文物病害机理提供了科学依据。

3. 南宁市博物馆馆藏金属文物保护修复

2015年，受南宁市博物馆委托，广西文物保护与考古研究所对其馆藏战国青铜钺、铜矛、铜刮刀、汉代铁臿、铁斧、环首铁刀、铜格铁剑、铜鼓等28件（套）金属文物进行保护修复，取得良好效果，达到有效保护和陈列展览目的。

汉代玉璧修复前

2014年12月，自治区文物局组织专家对该项目进行验收

汉代玉璧修复后

铜鼓修复前

铜鼓修复后

铁臿修复前

铁臿修复后

4. 广西文物保护与考古研究所馆藏宋代陶瓷器保护修复

2015 年,为配合防城港市博物馆海上丝绸之路申遗展览,广西文物保护与考古研究所挑选出 50 多件馆藏陶瓷器文物进行修复,使该批文物得到了有效保护和合理利用的目的。

5. 广西文物保护与考古研究所馆藏青铜器及陶器文物保护修复

2015 年,广西文物保护与考古研究所和北京大学考古文博学院合作对本所馆藏 15 件(套)青铜器及陶器文物进行保护修复,使该批文物得到有效保护和合理利用,同时保护修复过程获取的分析数据为进一步研究广西出土青铜器和玉石器文物的制作工艺以及文物病害机理提供了科学依据。

宋瓷盏修复前

宋瓷盏修复后

宋瓷盏修复前

宋瓷盏修复后

汉陶鼎修复前

汉陶鼎修复后

汉铜盘修复前

汉铜盘修复后

6. 广西文物保护与考古研究所馆藏合浦文昌塔汉墓群出土金属器保护修复

2015～2016年，广西文物保护与考古研究所和北京大学考古文博学院、中国科学院自然史研究所合作完成了118件(套)广西文物保护与考古研究所馆藏合浦文昌塔汉墓群出土金属器物的保护修复，工作内容包括：清除器物表面有害堆积物、硬结物；适当矫正变形器物并采用适当的连接方式恢复破碎器物的完整性；对有复原依据的残缺部位进行补全，构建其完整性；为达到展示效果对补缺部位进行作旧；通过缓蚀和加固封护方法降低文物腐蚀速率。同时，该项目实施过程中，科技人员对器物样品进行了科技分析和研究，获取了丰富的分析实验数据，为进一步研究广西出土金属器物的制作工艺以及文物病害机理提供了科学依据。

专业技术人员在保护修复文物

自治区文物局组织专家验收该项目

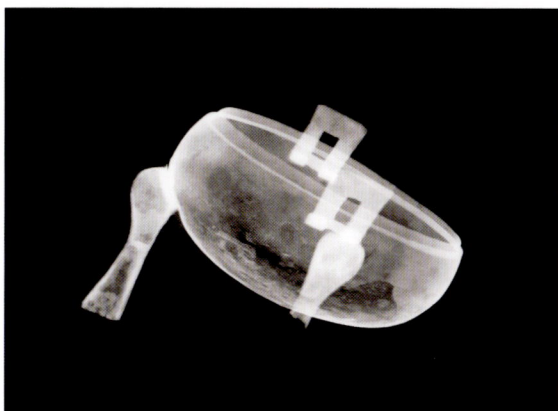

器物内部结构的观察分析

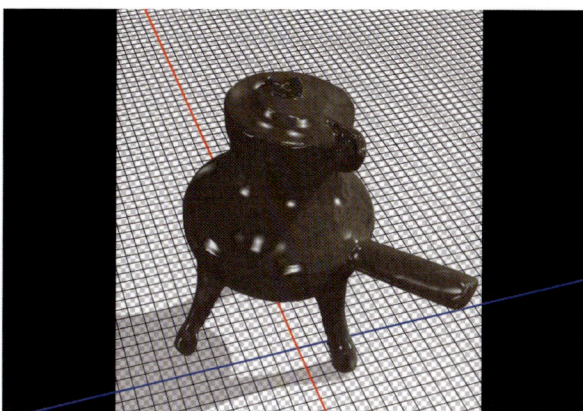

器物的非接触式3D扫描

| 铜奁修复前 | 铜奁修复后 | 铜壶修复前 | 铜壶修复后 |

7. 北流市博物馆馆藏纸质文物保护修复

2016～2017 年，为了对产生发黄、脆化、残损、虫蛀、霉菌、污染等腐蚀病害的古籍进行修复和防治保护。受北流市博物馆委托，广西文物保护与考古研究所指导并组织实施了该馆馆藏古籍文物的修复和除虫灭菌工作，完成了 1 件（套）古籍修复和 270 件（套）古籍清洁除虫灭菌的任务，取得良好效果。

调查清代古籍病害状况

现场讲解古籍修复技艺

8. 广西壮族自治区博物馆馆藏罗泊湾汉代漆木器保护修复

本项目 2016 年 6 月启动，2017 年 11 月完成，共保护修复广西壮族自治区博物馆馆藏罗泊湾汉代漆木器 11 件。这批入藏的漆木器受光照、温度、湿度、污染物等因素影响，产生了胎体开裂、糟朽、变形、断裂、漆层开裂、起翘、粉化、脱落等病害。为使这批文物得到科学、有效的保护，经对其进行调查、分析后，根据馆藏漆木器文物保护的要求，结合文物病害完残程度、特点，编制了保护修复方案并实施保护修复。主要工作内容包括清洗污垢、粘贴加固、修补缺损、作旧。

通过保护修复使这批文物达到了长期稳定保存的目的，减缓了文物的腐蚀速率，并经过调查分析发掘出更多的历史信息，提高了文物的历史、艺术及科学研究价值，为科学研究古代广西地区文化面貌和漆木器制作的工艺特征提供了完整的实物资料。

长方形漆盒保护修复前

长方形漆盒保护修复后

漆盘保护修复前

漆盘保护修复后

9. 贵港罗泊湾一号汉墓棺椁保护修复

本项目 2016 年 6 月启动，2017 年 11 月完成。保护修复文物的工作内容：（1）展厅内椁室及库房内堆积棺木的除尘、防霉、渗透加固工作。（2）展厅内 I 号棺的内外两具漆棺拆卸清洗、防霉加固、残缺补全、髹漆上色、拼接组装。（3）I 号棺旁的一具圆木棺清洗、修复、加固、作旧。（4）II 号棺因破损过于严重，按照 1：1 的比例对其进行复制置于原位。（5）对文物调查分析检测，了解棺木的材质、工艺等信息。

通过调查分析研究，以及采取物理、化学等手段去除文物表面病害，对棺木进行补配、加固、缓蚀封护等处理工作，达到延长该批文物寿命、发掘文物更多历史信息的目的，使文物得到更好的保存及展示。

圆木棺保护修复前

圆木棺保护修复后

主棺内棺保护修复前

主棺外棺保护修复前

主棺保护修复后原位安装

主棺保护修复完成后

锅炉出水时情况

专业技术人员清洗文物

专业技术人员清洗文物

锅炉保护修复后

10. 横县六景出水蒸汽机轮船文物保护修复

2008年，蒸汽机轮船于广西横县六景出水，经专家鉴定，该轮船应为19世纪中叶制造，是世界早期蒸汽机明轮船。该轮船出水后经过长期日晒雨淋产生了严重的腐蚀病害，需要及时保护修复。2016年，横县博物馆与广西文物保护与考古研究所签订保护修复协议，并于2017年启动保护修复工作。

此次沉船蒸汽机保护修复工作过程中严格遵守文物保护原则，首先通过病害调查及分析确定病害成因，再去除对文物保存不利的有害物质，最后通过防腐、缓蚀、封护等措施增强文物对不利因素的抵抗能力，达到了展陈、研究需求。

横县出水的蒸汽机明轮船是我国当时发现唯一保存的近代蒸汽机明轮船，对于研究我国近代造船史和两广内河航运史有着重要的学术价值，轮船经过保护修复后于横县博物馆展览，极大丰富了当地群众的文化生活。

11. 桂林市正阳东巷出土乾隆"仁寿宫"铁鼎保护修复

　　桂林市正阳东巷出土的乾隆"仁寿宫"铁鼎，体呈长方槽形，长 44、宽 30、通高 63 厘米。平唇、立耳、深腹、平底，四角铸有扉棱，下承四条兽形足，有一兽足缺失。器身除左右两侧有纹饰外整体素面，束颈饰雷纹和菱形雷纹。铁鼎正反面外壁均铸有铭文，正面书"仁寿宫"等字，背面书"□□殿前 乾隆□□□"等字样，字体朴实遒美，笔势圆润厚实。该文物具有较高的历史、艺术和科学研究价值。受温度、湿度、光照及污染物等保存环境因素影响，铁鼎本体产生了锈蚀、瘤状物、层状剥离、表面硬结物等病害，同时这些锈蚀病害遮盖住了器物表面的纹饰和铭文，并有一兽足缺失，影响了文物的观赏性和完整性。受桂林市文物保护与考古研究院委托，广西文物保护与考古研究所对其进行了清洗、除锈、缓蚀和补缺修复，使其得到有效保护，达到展示利用的目的。

铁鼎保护修复前

铁鼎保护修复前

铁鼎保护修复后

铁鼎保护修复后

12. 上林县文物管理所馆藏铜鼓保护修复方案

2015 年 3 月，受上林县文物管理所委托，完成该馆馆藏 8 面东汉至南朝铜鼓的保护修复方案，该方案通过国家文物局审批并获得资助实施保护修复。

13. 北流市博物馆馆藏纸质文物保护修复方案

2017 年 2 月，受北流市博物馆委托，完成该馆馆藏清代古籍 271 件（套），实际件数 4223 册的保护修复方案。

14. 田东县博物馆馆藏金属文物保护修复方案

2017 年 3 月，受田东县博物馆委托，完成该馆馆藏 35 件（套）战国至清代铜钺、铜剑、铜鼓、铜编钟、铁铸火炮等金属文物的保护修复方案。

15. 防城港市博物馆馆藏金属文物保护修复方案

2017 年 4 月，受防城港市博物馆委托，完成该馆馆藏 42 件（套）战国、汉代乃至近现代的铜矛、铜斧、铜带钩、铜鼓、蘑菇顶银帽等各类金属文物的保护修复方案。

16. 玉林市博物馆馆藏金属文物保护修复方案

2017 年 9 月，受玉林市博物馆委托，完成该馆馆藏 30 件（套）战国至近现代铜剑、铜鼓、羊角钮钟等各类金属文物的保护修复方案。

17. 大新县53号界碑保护修复方案

2018 年 3 月，受大新县文物管理所委托，完成大新县 53 号界碑保护修复方案。

18. 灵山县博物馆馆藏铜鼓保护修复方案

2018 年 8 月，受灵山县博物馆委托，完成该馆馆藏 24 面东汉至唐代铜鼓的保护修复方案。

19. 全州县博物馆馆藏金属文物保护修复方案

2018 年 8 月，受全州县文物管理所委托，完成该馆馆藏 75 件（套）汉代至近现代的环首铁刀、铜剑、铜镜等金属文物保护修复方案。

第五单元

科学研究

　　作为学术研究机构，我所坚持把科研工作作为立所之根、强所之本，作为工作的重中之重，把出人才、出成果作为目标。60年来依托自身丰富的考古资料及学术资源优势，积极开展国内国际合作，形成了立足广西，兼顾周边及东南亚的学术研究格局，对研究、复原广西古代社会历史面貌做出了积极贡献。

壹 科研成果

60 年来，广西文物保护与考古研究所在考古资料整理及科学研究方面取得了丰硕的成果。据不完全统计，共发表论文近 1000 篇，出版著作 57 部，其中获奖著作 33 篇（部）。

（一）考古资料整理和报告出版

随着田野工作的开展，资料整理工作和综合研究同步进行。许多重大发现，已陆续编写出研究报告并公开发表。1978 年在庆祝广西壮族自治区成立 20 周年之际，编纂出版了《广西出土文物》大型图录；1979 年为庆祝中华人民共和国成立 30 周年，撰写了《三十年来广西文物考古工作的主要收获》；1989 年又撰写了《广西考古十年新收获》；2009 年撰写了《广西文物考古六十年概述》，这些论著系统地总结了广西文物考古工作 60 年来的主要成果。

随着考古工作的进展，陆续在《古脊椎动物与古人类学报》《人类学学报》《考古》《考古学报》《文物》等专业杂志上发表了各时代遗址、墓葬、窑址以及岩画、崖洞葬和铜鼓的调查、发掘报告 80 多篇，1989 年汇集成《广西文物考古报告集（1950 ~ 1990）》，2009 年又编辑出版了《广西文物考古报告集（1991 ~ 2010）》。

先后编辑出版了《广西考古文集》五辑，及时发表考古报告。

先后编写出版了《广西贵县罗泊湾汉墓》（1988 年）、《桂林甑皮岩》（2003 年）、《百色旧石器》（2003 年）、《合浦风门岭汉墓》（2006 年）、《广西先秦岩洞葬》（2007 年）、《百色革新桥》（2012 年）、《广西古代崖洞葬》（2013 年）、《桂林靖江昭和王陵考古发掘清理报告》（2014 年）、《左江右江流域考古报告》（2015 年）、《2009 ~ 2013 年合浦汉晋墓发掘报告》（2016 年）、《广西合浦文昌塔汉墓》（2017 年）、《钟山铜盆汉墓》（2018 年）等考古专集，这些资料的发表，极大地丰富了广西地方史、民族史及各类专门史研究内容，为开展相关问题的研究工作提供了材料支撑。其中《2009 ~ 2013 年合浦汉晋墓发掘报告》荣获"2016 年度全国文化遗产优秀图书"，《桂林甑皮岩》获 2003 年最佳考古发掘报告，《百色旧石器》《百色革新桥》分别获得广西社会科学研究优秀成果奖二等奖和三等奖。

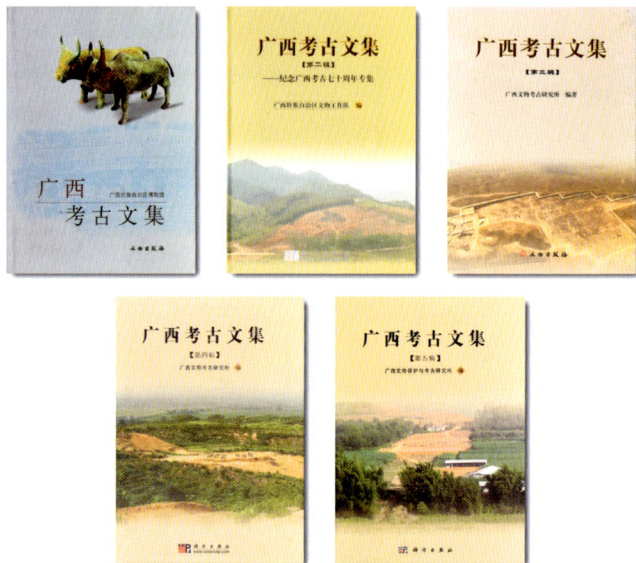

广西考古文集

出版的考古报告

（二）学术研究

在资料积累的基础上，综合研究也取得了不少突破。对广西旧石器及人类起源、新石器时代区系类型、大石铲文化、先秦岩洞葬、青铜文化及西瓯骆越、秦汉城址及墓葬、海上丝绸之路及水陆交通体系、冶炼遗存及陶瓷工业、古代铜鼓、岩画等相关问题均开展了大量研究工作，取得了丰硕成果。

在 2000 年创刊的《岭南考古研究》中发表 10 多篇论文。自 2001 年起在《广西民族研究》杂志上开辟"岭南考古"专栏，先后发表 20 多篇有关广西考古研究的最新研究成果。

《广西文物考古研究所学术丛书》已出版《云贵高原青铜文化》（2008 年）、《桂岭考古论文集》（2009 年）、《彭书琳论文集》（2010 年）、《广西考古通论》（2012 年）、《汉代合浦港考古与海上丝绸之路》等 6 部。翻译出版了《东亚和南亚早期旧石器文化》（2010 年）。

在国内外发表了一批高水平的科研论文，其中《中国南方百色盆地中更新世阿舍利石器技术》（英文）、《中国南方百色盆地旧石器工业》（法文）、《史前的一个冲突区：东南亚首批农耕人群与采集渔猎人群》（英文）、《中国南方百色盆地高岭坡遗址的地层及年代》（法文）、《中国岭南地区晚期旧石器工业》（英文）等多篇论文发表在美国《科学》《国际第四纪》及法国《人类学》、英国《古代》等国际著名的学术刊物。其中《关于百色手斧问题 —— 兼论手斧的划分标准》《百色旧石器与南亚、东南亚早期旧石器的关系》等多篇论文获得国家级和省部级优秀成果奖。

多年来获得多项国家级及自治区级社科基金项目，如"汉代海上丝绸之路合浦港的考古学研究""左江花山岩画与相关考古遗存的关联性研究""大石铲文化研究"等多个课题。

这些研究成果使广西考古成为中国考古学的重要组成部分，为中国考古学的发展做出了自己的贡献。

出版的学术著作

（三）人才培养

数十年来，我所始终高度重视人才培养和队伍建设工作，通过招聘年轻高学历人才、支持在职人员攻读硕士、博士学位等措施不断优化单位学历结构、人才梯队结构，为事业的持续发展储备人才。同时，在实际业务工作中，鼓励专业人员开拓进取，开展对外交流，吸收全国同行研究成果，不断提高自己的学术素养，争取成为研究领域专业的领先者、专家。单位自2013年独立建制以来共接收9名硕士，送培5名博士、4名硕士。

经过努力，不少同志成长为各研究领域的佼佼者，为考古事业、文物保护事业做出了特殊贡献，也得到了褒奖。其中蒋廷瑜、熊昭明同志为国务院政府特殊津贴专家，有1人荣获

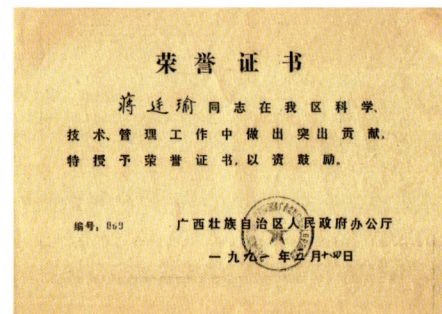

获奖证书

全国文化遗产保护工作先进个人，1 人荣获左江花山岩画文化景观申报世界文化遗产记二等功，1 人荣获全区文化系统记个人二等功，1 人入选第十五批广西新世纪"十百千人才工程"人选。目前在编研究馆员 9 名、副研究馆员 6 名，成为系统内高级人才占比最高的单位，是第四批"广西文化遗产研究保护与利用"人才小高地的载体单位之一。

（四）学术交流与合作

学术交流已成为推动科学技术发展不可缺少的有力手段。广西文物保护与考古研究所注重开展国际国内学术交流，长期以来与法国、美国、澳大利亚、日本、越南等国家的学术团体建立了经常性的交流合作关系，开展学术交流、项目合作和人才培养工作，国际国内交流和合作领域不断拓展。在国内交流方面，先后和中国科学院古脊椎动物与古人类研究所、中国社会科学院考古研究所、中山大学、四川大学、厦门大学、广西师范大学等大学和科研院所开展学术交流、人才培养的合作，提高了我所科研水平，培养了一批又一批的专门人才。

1. 学术交流

多年来，广西文物保护与考古研究所多次派员赴越南、日本、俄罗斯、法国、印度、德国等十几个国家参加学术交流，同时邀请、接待国内外学者来访约 1000 人次，包括美国华盛顿（圣路易斯）大学、德国考古研究院、俄罗斯科学院考古学与民族学研究所、法国人类古生物研究所、日本札幌医科大学、澳大利亚国立大学、越南社会科学院考古研究所等单位的学者，中国香港、台湾地区学者前来进行学术交流。通过学术交流进一步开拓了研究视野，也让国内外同行了解广西的考古研究工作，扩大了影响。

1994年6月，广西考古代表团第一次访问越南

1994年3月，在百色考古工地与美国学者鲍利克博士讨论（谢居登摄）

2003年12月，越南考古学家阮文好考察柳州鲤鱼嘴遗址

2. 科研合作

广西文物保护与考古研究所积极开展合作研究工作，与中国科学院古脊椎动物与古人类研究所联合发掘和研究百色百谷遗址和田东高岭坡遗址；与中国社会科学院考古研究所联合发掘和研究邕宁顶蛳山遗址、桂林甑皮岩遗址、柳州大龙潭遗址，并对广西汉唐城址合作进行遥感调查研究；与北京大学、中国地质大学等合作对百色旧石器时代遗址的环境背景开展研究；与山东大学合作开展革新桥遗址等广西新石器时代遗址动物遗存研究；与中国科学院昆明动物研究所细胞与分子进化重点实验室合作进行百色市坎屯遗址和横县秋江遗址出土人骨的古DNA研究；与中国科学院广州地球化学研究所合作进行合浦港地质勘察研究；与中国科学院古脊椎动物与古人类研究所合作开展隆安娅怀洞遗址的人骨分子生物学研究和植物遗存研究。这些合作研究，将相关领域的课题研究进一步向纵深推进。

同时先后和法国、日本、澳大利亚、美国等国家的科研院校开展科研合作。与法国人类古生物研究所合作开展百色盆地旧石器研究；与日本札幌医科大学和澳大利亚国立大学合作开展灰窑田等广西新石器时代遗址的人骨研究以及娅怀洞遗址人骨化石研究；与美国塔尔萨大学合作开展娅怀洞遗址动物遗存研究。同时，加强与越南等东盟国家的考古工作交流和合作，逐渐成为中国东盟考古工作的重要阵地。

2006 年，经国家教育部批准，广西文物考古研究所与广西壮族自治区博物馆、广西师范大学历史文化与旅游学院合作，设立"考古学及博物馆学硕士研究生培养基地"，联合培养考古学及博物馆学硕士研究生。谢日万、林强、谢光茂等研究员被广西师范大学聘为考古学及博物馆学专业的硕士研究生导师，自2007 年正式招收研究生以来已陆续招收了 12 届学生，共培养硕士研究生 77 名，为文博行业输送了大量的人才。

2004年5月，蒋廷瑜在日本东京东方学会上演讲

2005年2月，俄罗斯专家在田东高岭坡旧石器遗址考察

2010年2月，谢光茂应邀参加在印度加尔各答市举行的"达尔文与人类进化——纪念达尔文诞辰200周年"国际学术会议并在会上做学术报告

2010年11月，国际著名考古学家、美国哈佛大学巴尔·约瑟夫教授在北京大学考古文博学院博士生导师王幼平教授的陪同下到我所进行学术访问，并考察了百色盆地旧石器遗址和柳州白莲洞遗址

2013年3月，谢光茂赴台湾参加八仙洞遗址研究与保护国际学术研讨会，并在会上做了题为"广西锐棱砸击石片及相关问题探讨"的学术报告

"第五届亚洲旧石器学会年会暨古代垂杨介和它的邻居们"国际学术会议，于2012年7月5～13日在俄罗斯克罗斯诺雅尔斯克市举行。我所谢光茂研究员应大会主办方的邀请，前往参加会议，并在会上做了题为"中国南方百色盆地旧石器考古新发现"的学术报告

2012年8月，林强所长赴越南国家历史博物馆和老挝国家历史博物馆进行学术交流

2017年越南社会科学院考古研究所代表团来访并做学术报告

广西文物考古研究所与法国人类古生物研究所在继续开展合作研究广西百色盆地旧石器方面达成共识，双方于2012年11月10日在南宁签订了合作协议

2007年联合培养硕士研究生基地挂牌仪式在广西博物馆举行

2017年与越南社会科学院考古研究所签订长期合作协议

3. 举办会议

历年来共举办协办国际、国内会议 10 余次，如西部地区考古协作会、第十三届百
越史研究会年会暨国际学术讨论会、全国文物修复学术研讨会、全国第十届考古与文
物保护化学学术研讨会等学术会议。

2012年全区文物考古调查发掘培训班在南宁召开

2017年在北海举办了南方16省基建考古对社会的重要贡献专题研讨会

2018年协办百越文化遗产学术研讨会暨百越民族史研究会第十八次年会

贰　陈列展览与公共考古

长期以来，广西文物保护与考古研究所不仅重视田野考古、文物保护工作，还积极开展公共考古活动，利用文物资源开展丰富多彩的宣传展览工作，让公众也能分享我们的工作成果，传递文物保护理念，增强民族文化自信心。

（一）举办考古成果展

自 1990 年 1 月举办"全区文物普查成果汇报展览"以来，广西文物保护与考古研究所一直在探索开办考古陈列展。因此 2016 年经过精心筹备开办了"广西重要考古发现陈列"，展出自旧石器时代至明代的重要考古成果，共展出文物 1000 余件，成为国内外的专家学者进行学术交流的重要平台。同时，不定期组织展览在广西各市级博物馆进行展出，受到了公众的欢迎。特别是 2014 年组织了在香港历史博物馆"瓯骆汉风"展览，宣传了广西厚重的历史文化。

"广西考古重要发现陈列展览"，时任广西文化厅黄宇厅长参观展览

"广西考古重要发现陈列展览"，时任广西文化厅张虹厅长参观展览

"八桂溯源——广西考古成果特展"，时任广西文化厅黄宇厅长参观展览

"瓯骆汉风：广西古代陶制明器展览"在香港博物馆展出，林强所长参加有关活动

（二）举办公众考古活动

通过举办公众考古活动，在考古发掘工地设立展板介绍考古知识，有重大发现就设考古专题讲座，让公众及时、直接分享考古新成果；通过新闻媒体宣传考古新发现，让公众及时了解当地考古新状态；通过与学校和宣传单位合作，组织学生走进考古工地，感受考古过程，学习考古知识，激发他们热爱科学的热情；同时也让公众能更好地了解考古工作，增强公众的文化自信心以及保护文化遗产的自觉性。

2014年在遗址发掘现场向公众介绍考古工作

2014年我所于5月国际博物馆日、6月文化遗产日首次在全区范围内举办两次"公众体验考古"活动，向社会、公众宣传考古工作和文化遗产保护意义，社会反映良好。

2016年6月文化遗产日组织20户南宁家庭在三岸明代窑址考古现场举办"跟着专家去考古"公众考古活动

2015年在靖江王陵发掘现场向高校师生宣讲文物保护相关知识

2015年我所联合桂林市靖江王陵文物管理处于5月国际博物馆日、6月文化遗产日在靖江王陵考古工地举办了"走进靖江王陵，感受神秘礼仪""珍惜定格的历史　爱护不朽的文明"公众考古活动。广西师范大学、桂林航校、桂林五中等300余名师生参加了此次活动，起到了有效宣传考古工作和文化遗产保护意义的现实作用。

2017年在遗址发掘现场通过宣传展板及时向公众介绍考古成果

2017年6月10日，我所联合贵港市博物馆在贵港老城区的贵城遗址考古勘探现场举办"保护文化遗产，守护精神家园"宣传教育活动。

2018年组织学生到发掘工地参观

2018年6月文化遗产日在贵港市贵城遗址考古现场通过图片展和现场讲解等形式举办保护文化遗产等相关宣传教育活动。

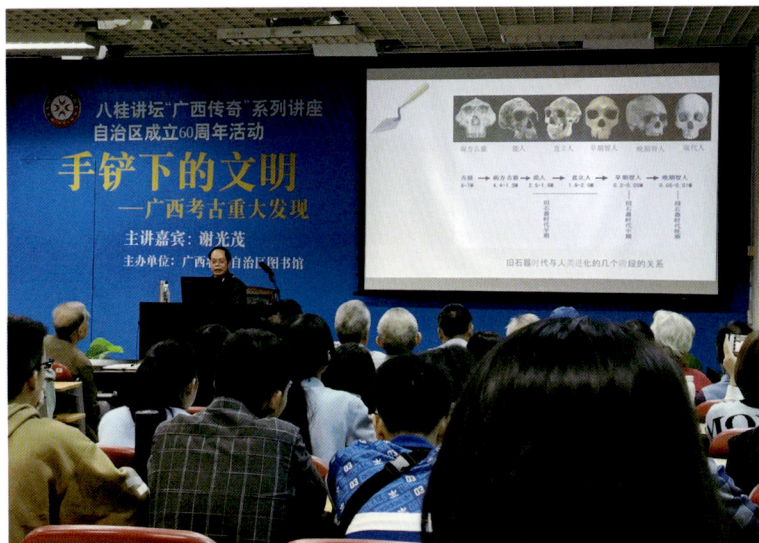

2018年11月17日我所谢光茂研究馆员在区图书馆的"八桂讲坛"上为公众做了一个题为"手铲下的文明——广西考古重大发现"的讲座

附录

出版著作

一 专著、考古报告、图录

- 蒋廷瑜:《铜鼓史话》,文物出版社,1982 年。
- 韦仁义:《广西出土陶瓷》,《中国陶瓷》(广西分册),上海人民美术出版社,1984 年。
- 蒋廷瑜:《铜鼓》,人民出版社,1985 年。
- 黄启善、陈左眉:《广西文物考古文献目录》,广西壮族自治区博物馆,1986 年。
- 覃圣敏、覃彩銮等:《广西左江流域崖壁画考察与研究》,广西民族出版社,1987 年。
- 王铭铭、谢光茂、柴焕波、吴国富:《当代人类学》(译著),上海人民出版社,1988 年。
- 蒋廷瑜:《铜鼓艺术研究》,广西人民出版社,1988 年。
- 王克荣、邱钟仑、陈远璋:《广西左江岩画》,文物出版社,1988 年。
- 黄现璠、黄增庆、张一民:《壮族通史》,广西民族出版社,1988 年。
- 陈左眉:《广西少数民族文献目录》,广西人民出版社,1989 年。
- 广西壮族自治区文物工作队:《广西文物考古报告集(1950~1990)》,广西人民出版社,1993 年。
- 蒋廷瑜:《古代铜鼓通论》,紫禁城出版社,1999 年。
- 蒋廷瑜:《铜鼓:南国奇葩》,天津科学技术出版社,2001 年。
- 中国社会科学院考古研究所、广西壮族自治区文物工作队等编:《桂林甑皮岩》,文物出版社,2003 年。
- 广西壮族自治区博物馆:《百色旧石器》,文物出版社,2003 年。
- 广西壮族自治区博物馆:《广西考古文集》,文物出版社,2004 年。
- 蒋廷瑜:《壮族铜鼓研究》,广西人民出版社,2005 年。
- 广西壮族自治区文物工作队:《广西考古文集》(第二辑),科学出版社,2006 年。
- 蒋廷瑜、彭书琳:《文明的曙光:广西史前考古发掘手记》,广西人民出版社,2006 年。
- 蒋廷瑜、彭书琳:《历史的足迹:广西历史时期考古手迹》,广西人民出版社,2006 年。
- 广西壮族自治区文物工作队、合浦县博物馆:《合浦风门岭汉墓 —— 2003~2005 年发掘报告》,科学出版社,2006 年。
- 广西文物考古研究所:《广西考古文集》(第三辑),文物出版社,2007 年。
- 蒋廷瑜、廖明君:《铜鼓文化》,浙江人民出版社,2007 年。
- 广西文物考古研究所、南宁市博物馆:《广西先秦岩洞葬》,科学出版社,2007 年。
- 中国广西壮族自治区博物馆、中国广西文物考古研究所、越南国家历史博物馆:《海上丝绸之路遗珍:越南出水陶瓷》,科学出版社,2008 年。
- 彭长林:《云贵高原的青铜时代》,广西科学技术出版社,2008 年。
- 蒋廷瑜:《桂岭考古论文集》,科学出版社,2009 年。
- 蒋廷瑜:《千古传响:铜鼓铿锵震四方》,广西人民出版社,2009 年。
- 梁旭达:《丝路古港 从合浦起航》,广西人民出版社,2009 年。
- 万辅彬、蒋廷瑜、韦丹芳:《铜鼓》,中国社会出版社,2009 年。
- 覃芳:《文明曙光:岭南人的祖先》,广西人民出版社,2009 年。
- 彭书琳:《彭书琳论文集》,广西科学技术出版社,2010 年。
- 蒋廷瑜:《粤桂铜鼓》,广东人民出版社,2010 年。
- 谢光茂:《东亚和南亚早期旧石器文化》(译著),广西科学技术出版社,2010 年。
- 广西文物考古研究所编:《广西考古文集》(第四辑),科学出版社,2010 年。
- 熊昭明、李青会:《广西出土汉代玻璃器的考古学与科技研究》,文物出版社,2011 年。
- 蒋廷瑜:《广西社会科学专家文集 —— 岭南铜鼓论集》,线装书局,2011 年。
- 蒋廷瑜:《广西考古通论》,广西科学技术出版社,2012 年。
- 广西文物考古研究所:《百色革新桥》,文物出版社,2012 年。
- 蒋廷瑜、廖明君:《铜鼓文化》,文化艺术出版社,2012 年。
- 广西文物考古研究所:《广西文物考古报告集(1991~2010)》,科学出版社,2012 年。
- 广西文物保护与考古研究所:《广西考古文集》(第五辑),科学出版社,2013 年。
- 彭书琳:《广西古代崖洞葬》,广西科学技术出版社,2013 年。
- 谢光茂:《远古回眸 —— 广西史前考古探秘》,广西科学技术出版社,2014 年。
- 广西文物保护与考古研究所、桂林市靖江王陵文物管理处、桂林市文物工作队:《桂林靖江昭和王陵考古发掘清理报告》,科学出版社,2014 年。
- 蒋廷瑜:《广西铜鼓文献汇编及铜鼓闻见记》,广西师范大学出版社,2014 年。
- 熊昭明:《汉风越韵 —— 广西汉代文物精品》,广西科学技术出版社,2014 年。
- 熊昭明:《汉代合浦港考古与海上丝绸之路》,文物出版社,2015 年。
- 广西文物保护与考古研究所:《广西基本建设考古重要发现》,广西科学技术出版社，2015 年。

- 周汉权、杨清平、蒲晓东、农林：《左江花山岩画文化景观（龙州篇）》（合著），广西人民出版社，2015 年。

- 李富强、李珍：《中国 — 东南亚铜鼓 · 老挝卷》，广西人民出版社，2016 年。

- 广西壮族自治区文化厅、广西壮族自治区文物局：《左江右江流域考古》，广西科学出版社，2015 年。

- 广西文物保护与考古研究所：《人类探源 —— 广西早期现代人类起源研究文集》，广西人民出版社，2016 年。

- 广西文物保护与考古研究所、合浦县文物管理所：《2009~2013 年合浦汉晋墓发掘报告》（上、下），文物出版社，2016 年。

- 广西壮族自治区文化厅、广西壮族自治区文物局、广西文物保护与考古研究所：《连城要塞遗址》，广西科学技术出版社，2014 年。

- 杨清平、李敏编著：《考古龙州》，广西科学技术出版社，2017 年。

- 广西文物保护与考古研究所：《广西合浦文昌塔汉墓》，文物出版社，2017 年。

- 广西文物保护与考古研究所：《广西文物保护工程方案设计文集》（第一辑），广西科学技术出版社，2017 年。

- 蒋廷瑜：《岭南铜鼓》，广东人民出版社，2018 年。

- 广西文物保护与考古研究所、钟山县文物管理所：《钟山铜盆汉墓》，科学出版社，2018 年。

二　简报、论文

- 方一中：《广西全县卢家桥发现古遗址》，《文物参考资料》1954 年第 6 期。

- 黄增庆：《广西贵县汉木椁墓清理简报》，《考古通讯》1956 年第 4 期。

- 黄增庆：《广西贵县发现宋代砖墓》，《考古通讯》1955 年第 5 期。

- 广西省文物管理委员会：《广西贵县汉墓的清理》，《考古学报》1957 年第 1 期。

- 黄增庆：《广西贵县新牛岭第三号西汉墓》，《文物参考资料》1957 年第 2 期。

- 黄增庆：《广西贵县新牛岭汉墓清理》，《考古通讯》1957 年第 2 期。

- 何乃汉：《广西贵县东湖两汉墓的清理》，《考古通讯》1957 年第 2 期。

- 黄增庆：《广西贵县新牛岭第三号西汉墓葬》，《文物》1957 年第 2 期。

- 黄增庆：《广西明江左江两岸的古代崖壁画》，《文物参考资料》1957 年第 4 期。

- 黄增庆：《广西兴安县灵渠陡堤调查》，《文物参考资料》1958 年第 12 期。

- 何乃汉：《我区几年来古脊椎动物和人类化石的发现》，《广西文博通讯》1960 年第 1 期。

- 王克荣：《广西宜山白龙洞石达开诗刻跋》，《文物》1961 年第 7 期。

- 王克荣：《中国人民反对外国帝国主义及其走狗的光辉篇章 —— 广西壮族自治区博物馆纪念太平天国革命一百一十周年的太平天国革命陈列》，《文物》1961 年第 1 期。

- 黄增庆：《藤县清理一座晋代墓葬》，《文物》1962 年第 1 期。

- 王克荣：《容县经略台真武阁》，《文物博物馆通讯》1962 年第 1 期。

- 方一中：《扶绥同正发现新石器时代文化遗址》，《文物博物馆通讯》1962 年第 1 期。

- 黄增庆：《左江地区又新发现古代崖壁画》，《文物博物馆通讯》1962 年第 1 期。

- 李鸿庆、方一中、黄增庆：《探查严关古窑址简报》，《文物博物馆通讯》1963 年第 1 期。

- 黄增庆：《左江地区发现的崖壁画》，《文物博物馆通讯》1963 年第 2 期。

- 何乃汉：《我区新出土一批古脊椎动物化石和石器时代遗物》，《文物博物馆通讯》1963 年第 1 期。

- 何乃汉：《桂林首次发掘汉墓》，《文物博物馆通讯》1963 年第 2 期。

- 方一中：《右江沿岸新石器时代文化遗存》，《文物博物馆通讯》1963 年第 2 期。

- 黄增庆：《谈古代崖壁画及其年代问题》，《花山崖壁画资料集》，广西民族出版社，1963 年。

- 黄增庆：《广西明江、左江两岸的古代崖壁画》，《花山崖壁画资料集》，广西民族出版社，1963 年。

- 黄增庆：《广西出土铜鼓初探》，《考古》1964 年第 1 期。

- 黄增庆、周安民：《桂林发现南齐墓》，《考古》1964 年第 6 期。

- 蒋廷瑜：《防城港发现春秋至汉代文物》，《文物博物馆工作通讯》1974 年第 1 期。

- 林一朴、顾玉珉、何乃汉：《广西宜山长臂猿牙齿化石》，《古脊椎动物与古人类》1975 年第 12 卷第 3 期。

- 王克荣：《建国以来广西文物考古工作的收获》，《文物》1976 年第 9 期。

- 黄增庆：《容县发现唐代文物》，《文物博物馆工作通讯》1977 年第 2 期。

- 方一中：《钦州县试掘新石器时代文化遗址》，《文物博物馆工作通讯》1977 年第 2 期。

- 方一中：《田东县发现战国墓葬》，《文物博物馆工作通讯》1977 年第 2 期。

- 黄增庆：《兴安县发现商代铜卣和隋代铜镜》，《文物博物馆工作通讯》1977 年第 2 期。

- 蒋廷瑜：《德保县三茶山出土新石器时代文化遗物》，《文物博物馆工作通讯》1977 年第 2 期。

● 广西壮族自治区文物工作队:《广西贵县罗泊湾一号墓发掘简报》,《文物》1978 年第 9 期。

● 广西壮族自治区文物工作队:《广西西林县普驮铜鼓墓葬》,《文物》1978 年第 9 期。

● 黄启善:《贵县发掘一批西汉墓葬》,《文物博物馆工作通讯》1978 年第 2 期。

● 广西壮族自治区文物工作队:《平乐银山岭战国墓》,《考古学报》1978 年第 2 期。

● 韦仁义:《东兴县开展文物普查》,《文物博物馆工作通讯》1978 年第 2 期。

● 王克荣:《建国以来广西文物考古工作的主要收获》,《文物》1978 年第 9 期。

● 广西壮族自治区文物工作队:《三十年来广西文物考古工作的主要收获》,《文物考古工作三十年》,文物出版社,1979 年。

● 广西壮族自治区文物工作队:《广西恭城新街长茶地区南朝墓》,《考古》1979 年第 2 期。

● 黄增庆:《广西古代铜鼓》,《思想解放》1979 年第 6 期。

● 黄增庆:《广西最早人类及其经济生活与社会组织》,《思想解放》1980 年第 3 期。

● 黄增庆:《从考古资料看壮族古代社会经济文化与汉族的关系》,《学术论坛》创刊号。

● 蒋廷瑜:《从银山岭战国墓看西瓯》,《考古》1980 年第 2 期。

● 蒋廷瑜:《铜鼓云屯 —— 广西古代铜鼓展览简介》,《民族研究》1980 年第 4 期。

● 蒋廷瑜:《关于铜鼓的争鸣 —— 首次铜鼓讨论会简记》,《民族研究》1980 年第 4 期。

● 蒋廷瑜:《"九真府"解》,《印度支那研究》1981 年第 1 期。

● 蒋廷瑜:《广西汉代农业考古概述》,《农业考古》1981 年第 2 期。

● 覃圣敏、覃彩銮:《南宁原始社会时期遗址》,《南宁史料》第二辑,1981 年 6 月。

● 蒋廷瑜:《广西最早的县 —— 洮阳》,《学术论坛》1981 年第 6 期。

● 蒋廷瑜:《从铜鼓看对云雷的崇拜》,《文物天地》1981 年第 3 期。

● 黄增庆:《从考古资料看兄弟省区对广西古代经济文化的发展影响》,《广西民族研究参考资料》(第一辑),广西壮族自治区民族研究所编,1981 年 9 月。

● 广西壮族自治区文物工作队:《广西几何印纹陶的分布概况》,《文物集刊》1981 年第 3 期。

● 广西壮族自治区文物工作队:《广西合浦县堂排汉墓发掘简报》,《文物资料丛刊》1981 年第 4 期。

● 覃圣敏:《秦代象郡位置考略》,《印度支那研究》1981 年第 4 期。

● 蒋廷瑜:《古代铜鼓的演奏法》,《民族文化》1982 年第 1 期。

● 广西壮族自治区文物工作队、钦州县文化馆:《广西牧州独料新石器时代遗址》,《考古》1982 年第 1 期。

● 覃彩銮:《从考古资料看西瓯的青铜冶铸业》,《广西民族研究参考资料》(第二辑),1982 年 1 月。

● 广西壮族自治区文物工作队:《广西隆安大龙潭新石器时代遗址发掘简报》,《考古》1982 年第 1 期。

● 广西壮族自治区文物工作队:《广西贵县罗泊湾二号汉墓》,《考古》1982 年第 4 期。

● 王令红、彭书琳、陈远璋:《桂林宝积岩发现的古人类化石和石器》,《人类学学报》1982 年第 1 卷第 1 期。

● 蒋廷瑜:《略论汉字铭文铜鼓》,《考古与文物》1982 年第 2 期。

● 蒋廷瑜:《西林铜鼓葬与汉代句町国》,《考古》1982 年第 2 期。

● 蒋廷瑜:《楚国的南界与楚文化对岭南的影响》,《中国考古学会第二次年会论文集》,文物出版社,1982 年。

● 王克荣:《古代铜鼓研究中的几个问题》,《古代铜鼓学术讨论会论文集》,文物出版社,1982 年。

● 黄增庆:《广西两大类型铜鼓的特征和由来的探讨》,《古代铜鼓学术讨论会论文集》,文物出版社,1982 年。

● 黄增庆、张一民:《先秦时期广西社会初探》,《民族论丛》(第二辑),1982 年。

● 蒋廷瑜:《从考古发现探讨历史上的西瓯》,《百越民族史论文集》,中国社会科学出版社,1982 年。

● 蒋廷瑜:《粤式铜鼓的初步研究》,《古代铜鼓学术讨论会论文集》,文物出版社,1982 年。

● 黄增庆、张一民:《关于壮族是否经过奴隶社会的探讨》,《广西地方民族史研究集刊》(第 1 集),广西地方民族史研究室,1982 年。

● 莫世泰、彭书琳:《对华南人颅骨臼齿磨耗与年龄变化关系的研究》,《广西医学院学报》1983 年第 1 期。

● 广西壮族自治区文物工作队:《广西宾阳县发现战国墓葬》,《考古》1983 年第 2 期。

● 黄启善:《广西永福县出土的宋代瓷腰鼓》,《乐器》1983 年第 3 期。

● 覃圣敏:《秦代象郡考》,《历史地理》(第三辑),1983 年。

● 蒋廷瑜:《一个古老的地名 —— 苍梧》,《地名知识》1983 年第 5 期。

● 彭书琳、朱芳武:《对华南地区男性成年颅骨、锁骨、肩胛骨、髋骨与身高关系的研究》,《人类学学报》1983 年第 2 卷第 3 期。

● 广西壮族自治区文物工作队:《广西永福县寿城南朝墓》,《考古》1983 年第 7 期。

● 广西壮族自治区文物工作队:《广西壮族自治区融安县南朝墓》,《考古》1983 年第 9 期。

- 蒋廷瑜：《广西铜鼓外流的史实》，《三月三》1983 年第 3 期。

- 莫世泰、彭书琳：《华南人颅骨上、下颌臼齿磨耗与年龄变化的关系》，《人类学学报》1983 年第 4 期。

- 柳州市博物馆、广西壮族自治区文物工作队：《柳州市大龙潭鲤鱼嘴新石器时代贝丘遗址》，《考古》1983 年第 9 期。

- 蒋廷瑜：《雷公斧之谜》，《知识》1983 年第 2 期。

- 黄启善：《宋代花腔腰鼓》，《乐器》1983 年第 3 期。

- 覃圣敏：《二千五百年前壮族祖先的一首歌》，《民族文化》1983 年第 3 期。

- 广西文物工作队：《广西新州打制石器地点的调查》，《考古》1983 年第 10 期。

- 蒋廷瑜：《铜鼓研究的历史和现状》，《历史教学》1983 年第 12 期。

- 蒋廷瑜：《广西汉墓出土的铁冬青》，《农业考古》1984 年第 1 期。

- 黄增庆：《壮族古代铜鼓的铸造工艺》，《广西民族学院学报》1984 年第 1 期。

- 黄增庆：《谈谈左江流域崖壁画》，《广西民族学院学报》1984 年第 1 期。

- 广西壮族自治区文物工作队：《广西贵县风流岭三十一号西汉墓清理简报》，《考古》1984 年第 1 期。

- 覃圣敏：《略谈古代汉语中的壮语》，《三月三》1984 年第 1 期。

- 覃圣敏：《从桂林甑皮岩猪骨看家猪的起源》，《农业考古》1984 年第 2 期。

- 蒋廷瑜、彭书琳：《广西古人类的发现与研究》，《史前研究》1984 年第 2 期。

- 广西壮族自治区文物工作队：《广西永福窑田岭宋代窑址发掘简报》，《中国古代窑址调查发掘报告集》，文物出版社，1984 年。

- 王克荣、邱钟仑、陈远璋：《巫术文化的遗址 —— 广西左江岩画剖析》，《学术论坛》1984 年第 3 期。

- 黄增庆：《从文化遗存浅读壮族古代文化性质》，《三月三》1984 年第 3 期。

- 广西壮族自治区文物工作队：《广西壮族自治区钦州隋唐墓》，《考古》1984 年第 3 期。

- 广西壮族自治区文物工作队：《广西贺县两座东吴墓》，《考古与文物》1984 年第 4 期。

- 覃彩銮：《壮族地区新石器时代墓葬及其有关问题的探讨》，《广西民族学院学报》1984 年第 4 期。

- 李有恒、吴茂霖、彭书琳、周石保：《广西柳江土博出土的人牙化石及共生的哺乳动物群》，《人类学学报》1984 年第 4 期。

- 覃圣敏：《广西古代风俗杂考》，《三月三》1984 年第 4 期。

- 蒋廷瑜：《羊角纽铜钟初论》，《文物》1984 年第 5 期。

- 蒋廷瑜：《灌阳设县时间考辨》，《广西地方志通讯》1984 年第 5 期。

- 蒋廷瑜：《从〈壮族简史〉所用考古资料谈壮族古代史上的几个问题》，《学术论坛》1984 年第 6 期。

- 广西壮族自治区文物工作队：《广西融安安宁南朝墓发掘简报》，《考古》1984 年第 7 期。

- 广西壮族自治区博物馆：《近年来广西出土的先秦青铜器》，《考古》1984 年第 9 期。

- 广西壮族自治区文物工作队：《沥尾岛考古调查》，《文物》1984 年第 9 期。

- 蒋廷瑜：《桂林最早的人类 —— 甑家岩人》，《花山周末报》1984 年第 9 期。

- 何乃汉：《广西贝丘遗址初探》，《考古》1984 年第 11 期。

- 覃彩銮：《南宁地区新石器时代墓葬剖析》，《考古》1984 年第 11 期。

- 蒋廷瑜：《广西新石器时代考古述略》，《中国考古学会第三次年会论文集》，文物出版社，1984 年。

- 蒋廷瑜：《南丹白裤瑶族的铜鼓》，中国古代铜鼓研究会编《第二次古代铜鼓学术讨论会资料集》，1984 年。

- 蒋廷瑜、邱钟仑：《文物集锦》，《广西风物志》，广西人民出版社，1984 年。

- 广西壮族自治区文物工作队：《广西藤县宋代中和窑》，《中国古代窑址调查发掘报告集》，文物出版社，1984 年。

- 何乃汉：《广西百色地区打击石器地点复查》，《人类学学报》1984 年第 3 卷第 3 期。

- 何乃汉：《桂平、贵县新石器时代遗址》，《中国考古学年鉴·1984》，文物出版社，1984 年。

- 何乃汉：《广西壮族自治区博物馆》，《中国考古学年鉴·1984》，文物出版社，1984 年。

- 周继勇：《谈谈苗族彝礼中的某些残俗》，《广西文物》1985 年第 1 期。

- 彭书琳、周石保：《桂西屋脊上新石器时代遗址》，《广西文物》1985 年第 1 期。

- 黄增庆：《略谈广西与西南古代民族的共同文化习俗》，《广西文物》1985 年第 1 期。

- 黄启善：《广西西林县出土的汉代羊角钮铜编钟》，《乐器》1985 年第 1 期。

- 蒋廷瑜：《广西南朝地券及其相关问题》，《广西文物》1985 年第 1 期。

- 蒋廷瑜：《先秦越人的青铜钺》，《广西民族研究》1985 年第 1 期。

- 蒋廷瑜：《从广西出土的南朝地券看当时社会经济情况》，《广西民族学院学报》1985 年第 1 期。

- 黄增庆：《谈谈左江流域崖壁画》，《广西民族学院学报（哲学社会科学版）》1985 年第 1 期。

- 覃彩銮：《广西——古人类的摇篮之一》，《历史知识》1985 年第 2 期。
- 黄增庆：《浅谈广西原始社会文化》，《广西民族研究》1985 年第 2 期。
- 覃彩銮：《广西壮族先祖的屈肢蹲葬》，《民族文化》1985 年第 2 期。
- 王克荣：《广西隆安县发现唐代铜官印》，《广西文物》1985 年第 2 期。
- 韦仁义：《外销是宋代广西制瓷业崛起的主因》，《广西文物》1985 年第 2 期。
- 新田荣治著，覃义生译，陈启创校：《两广地区的青铜提筒及其变迁》，《广西文物》1985 年第 2 期。
- 黄增庆、张一民：《广西壮族与云南、贵州兄弟民族的古代文化关系》，《贵州民族研究》1985 年第 3 期。
- 蒋廷瑜：《从广西出土的南朝地券看当时的社会经济情况》，《广西民族学院学报（哲学社会科学版）》1985 年第 3 期。
- 覃彩銮：《广西新石器时代墓葬浅析》，《广西民族研究参考资料》1985 年第 4 辑。
- 周继勇：《那莲古戏台》，《广西地方戏曲史料汇编》1985 年第 4 期。
- 李有恒、吴茂霖、彭书琳、周石保：《广西田东县祥周公社定模洞调查报告》，《人类学学报》1985 年第 4 卷第 2 期。
- 彭书琳：《广西古人有多高》，《知识》1985 年第 6 期。
- 谷口房男、王克荣：《明代广西的土巡检司》，《学术论坛》1985 年第 11 期。
- 广西壮族自治区文物工作队：《广西防城潭莲出土唐、元、明文物》，《考古》1985 年第 9 期。
- 韦仁义：《广西北流河流域青白瓷窑及其兴衰》，《景德镇陶瓷》1984 年第 S1 期。
- 蒋廷瑜：《试论五铢钱纹铜鼓》，《中国历史博物馆馆刊》1985 年第 6 期。
- 黄增庆：《广西考古资料中所见两汉至南北朝的货币经济》，《广西钱币学会成立大会专刊》1985 年 8 月。
- 黄增庆：《秦汉时代广西农业》，《广西民族学院学报》1985 年第 4 期。
- 蒋廷瑜：《广西贵县罗泊湾出土的乐器》，《中国音乐》1985 年第 3 期。
- 蒋廷瑜、蓝日勇：《广西先秦青铜文化初论》，《中国考古学会第四次年会论文集》，文物出版社，1985 年。
- 广西壮族自治区文物工作队：《广西贵县北郊汉墓》，《考古》1985 年第 3 期。
- 黄启善：《广西宋代铸钱初探》，《广西钱币学会成立大会专刊》1985 年 8 月。
- 黄启善：《试论广西东汉至隋唐墓中出土的青瓷器》，《广西文物》1985 年第 2 期。
- 黄启善、李兆宗：《黄姚戏台简介》，《广西地方戏曲史料汇编》1985 年第 1 期。
- 覃彩銮：《解放以来广西发现的古猿、古人类化石及其旧石器》，《广西文物》1985 年第 1 期。
- 何乃汉：《崇左吞云岭新石器时代遗址》，《广西文物》1985 年第 1 期。
- 覃圣敏、蓝日勇、覃彩銮、梁旭达：《从考古资料看汉初南越国的农业》，《农业考古》1985 年第 1 期。
- 吴世华、张宪文：《程阳永济桥修建史料》，《广西文物》1985 年第 2 期。
- 李玉瑜：《合浦大士阁初探》，《广西文物》1985 年第 2 期。
- 覃彩銮、覃圣敏：《广西花山崖壁画年代新证》，《民族研究》1985 年第 2 期。
- 梁旭达：《广西壮族先民的音乐舞蹈初探》，《广西民族研究》1985 年第 2 期。
- 覃彩銮：《从石铲遗存看桂南地区新石器时代晚期的农业》，《农业考古》1985 年第 2 期。
- 黄增庆：《秦汉时代的广西农业》，《广西民族学院学报（哲学社会科学版）》1985 年第 4 期。
- 何乃汉、覃圣敏：《试论岭南中石器时代》，《人类学报》1985 年第 4 卷第 4 期。
- 广西壮族自治区文物工作队：《广西北流铜石岭汉代冶铜遗址的试掘》，《考古》1985 年第 5 期。
- 广西壮族自治区文物工作队、扶绥县文化局：《广西扶绥县山地崖画的调查》，《考古与文物》1985 年第 6 期。
- 何乃汉：《广西史前时期农业的产生和发展初探》，《农业考古》1985 年第 7 期。
- 韩肇明、覃彩銮：《广西左江流域崖壁画简介》，《古籍整理出版情况简报》1985 年总第 150 期。
- 梁旭达：《论秦汉时期岭南越人和汉族的文化交流与民族融合》，《贵州民族研究》1986 年第 1 期。
- 覃圣敏、覃彩銮：《广西左江流域崖壁画简论》，《民族艺术》1986 年第 1 期。
- 蒋廷瑜：《形神兼巧的凤凰灯》，《文物天地》1986 年第 1 期。
- 陈左眉：《太平天国钱币浅谈》，《广西民族研究》1986 年第 2 期。
- 彭书琳等：《广西洞穴调查报告》，《人类学学报》1986 年第 2 期。
- 蓝日勇：《试论罗泊湾一号墓墓主的身份及族属》，《广西民族研究》1986 年第 2 期。
- 覃彩銮：《骆越青铜文化初探》，《广西民族研究》1986 年第 2 期。
- 何乃汉：《试论秦汉时期广西的社会性质》，《广西民族研究》1986 年第 2 期。
- 王克荣：《中国南方的古代乐舞——南方古代铜鼓和左江崖画上的乐舞图象》，《民族艺术》1986 年第 2 期。
- 蒋廷瑜：《贵县罗泊湾汉墓人殉研究》，《三月三》1986 年第 4 期。
- 覃圣敏：《论左江壁画的年代》，《三月三》1986 年第 4 期。

● 梁旭达、凌树东：《试论壮族先民的原始宗教》，《广西民族研究》1986年第 4 期。

● 彭书琳：《"柳江人"后裔的一支南迁澳大利亚》，《桂海春秋》1986年第 4 期。

● 彭书琳：《中国华南地区男性成年由颅围和髋骨长推算身高的回归方程》，《医学人类学论文集》，重庆出版社，1986 年。

● 蒋廷瑜：《飞来石上的石刻》，《桂海春秋》试刊号 1986 年 5 月 1 日。

● 广西壮族自治区文物工作队、广西贺县文物管理所：《广西贺县金钟一号西汉墓》，《考古》1986 年第 3 期。

● 蒋廷瑜、蓝日勇：《广西出土的楚文物及相关问题》，《江汉考古》1986年第 4 期。

● 彭书琳、张文光、魏博源：《广西贵县罗泊湾西汉墓殉葬人骨》，《考古》1986 年第 6 期。

● 广西壮族自治区文物工作队：《广西百色地区新石器时代文化遗存》，《考古》1986 年第 7 期。

● 广西壮族自治区博物馆、合浦县博物馆：《广西合浦县凸鬼岭清理两座汉墓》，《考古》1986 年第 9 期。

● 黄增庆：《如何理解"百越"共同文化习俗》，《中南民族大学学报（人文社会科学版）》1986年第 6 卷第 S1 期。

● 蒋廷瑜：《铜鼓的价值》，《历史大观园》1986 年第 5 期。

● 张世铨、彭书琳、周石保、吴伟峰：《广西南丹县里湖岩洞葬调查报告》，《文物》1986 年第 11 期。

● 彭书琳、朱芳武：《对华南地区男性成年颅骨、锁骨、肩胛骨、髋骨与身高关系的研究》，《广西壮族自治区科学技术获奖成果汇编：水利水电 1980～1984》，广西壮族自治区水利电力厅，1986 年。

● 黄启善：《广西汉代玻璃制品初探》，《广西壮族自治区科学技术获奖成果汇编：水利水电 1980～1984》，广西壮族自治区水利电力厅，1986 年。

● 黄增庆：《广西铜鼓立体蛙饰是壮族先民图腾崇拜的反映》，《中国铜鼓研究会第二次学术讨论会论文集》，文物出版社，1986 年。

● 蒋廷瑜：《论灵渠的灌溉作用》，《农业考古》1987 年第 1 期。

● 蒋廷瑜：《黑格尔和他的铜鼓巨著》，《文物天地》1987 年第 1 期。

● 塚田诚之、覃义生：《明代壮族的迁徙与生态——明清时代壮族史研究（一）》，《广西民族研究》1987 年第 1 期。

● 蒋廷瑜：《贵县罗泊湾汉墓墓主族属的再分析》，《学术论坛》1987 年第 1 期。

● 梁旭达、覃圣敏：《广西浦北县出土的青铜器》，《文物》1987年第 1 期。

● 覃彩銮：《试论骆越青铜铸造工艺及其艺术特征》，《贵州民族研究》1987 年第 1 期。

● 陈左眉：《广西华侨史料拾零》，《八桂侨刊》1987 年第 2 期。

● 覃彩銮：《壮族神话初探》，《民族论坛》1987 年第 2 期。

● 广西壮族自治区博物馆、全州县文物管理所：《广西全州县发现纪年唐墓》，《考古》1987 年第 3 期。

● 何乃汉、邱中郎：《百色旧石器的研究》，《人类学学报》1987 年第 4 期。

● 蒋廷瑜：《谢启昆与铜鼓楼》，《桂海春秋》1987 年第 2 期。

● 蒋廷瑜：《严震直督修灵渠》，《桂海春秋》1987 年第 3 期。

● 彭书琳、周石保、王文魁：《广西隆林那来洞发现古人类化石及其共生动物群》，《史前研究》1987 年第 4 期。

● 蒋廷瑜：《铜柱形器用途推考》，《考古》1987 年第 8 期。

● 何乃汉、陈小波：《广西桂平县石器时代文化遗存》，《考古》1987 年第 11 期。

● 黄增庆：《浅谈左江流域崖壁画年代及其意义》，《民族文化研究》（第 2 辑），广西民族出版社，1987 年。

● 黄增庆：《广西考古资料所见百越文化习俗》，《百越史研究》，贵州人民出版社，1987 年。

● 黄慰文、张镇洪、刘源、员晓枫、谢光茂：《百色石器的时代问题》，《纪念马坝人类头骨发现 30 周年文集》，文物出版社，1988 年。

● 谢光茂：《南越铜鼓铸造技术》（译文），《广西文物》1988 年第 1 期。

● 蒋廷瑜：《广西民族考古研究综述》，《民族研究动态》1988 年第 1 期。

● 蓝日勇：《广西战国至汉初越人墓葬的发展与演变》，《广西民族研究》1988 年第 1 期。

● 蒋廷瑜：《梁章钜与铜鼓联吟》，《桂海春秋》1988 年第 1 期。

● 何乃汉：《广西古代历史分期浅见》，《广西民族研究》1988 年第 2 期。

● 覃彩銮：《神奇的左江崖壁画》，《化石》1988 年第 2 期。

● 蒋廷瑜：《白裤瑶区的活"化石"》，《文物天地》1988 年第 2 期。

● 蓝日勇：《汉初广西漆器业初探》，《玉林师专学报（社会科学版）》1988 年第 1～2 期。

● 黄启善：《广西古代玻璃制品的发现及其研究》，《考古》1988 年第 3 期。

● 魏博源、彭书琳、张文光：《广西罗泊湾西汉初期殉葬人头骨的口腔情况》，《人类学学报》1988 年第 3 期。

● 蓝日勇：《银山岭战国墓并非楚墓说》，《江汉考古》1988 年第 4 期。

● 彭书琳：《广西隆林那来洞发现古人类化石及其共生哺乳动物群》，《史前研究》1988 年第 4 期。

● 梁旭达：《秦汉时期广西壮族地区药物种类初探》，《广西民族研究》1988 年第 4 期。

● 覃圣敏、覃彩銮：《左江崖壁画和壮族祖先崇拜》，《中国少数民族》1988 年第 4 期。

● 蒋廷瑜：《广西古代铜鼓巡礼》，《桂海春秋》1988 年第 6 期。

● 马头发掘组：《武鸣马头墓葬与古代骆越》，《文物》1988 年第 12 期。

● 广西壮族自治区文物工作队、南宁市文物管理委员会、武鸣县文物管理所：《广西武鸣马头元龙坡墓葬发掘简报》，《文物》1988 年第 12 期。

● 黄启善：《试论广西汉代货币经济的发展》，《广西金融研究》1988 年第 S 期。

● 佐田茂、黄启善、黄天来：《日本出土的古琴》，《乐器》1988 年第 C1 期。

● 彭书琳：《试论岭南地区人类化石的分布规律》，《纪念马坝人化石发现三十周年文集》，文物出版社，1988 年。

● 何乃汉：《岭南旧石器时代向新石器时代的过渡及其有关的几个问题》，《中国考古学会第五次年会论文集》，文物出版社，1988 年。

● 蒋廷瑜：《略论岭南青铜甬钟》，《南方文物》1989 年第 1 期。

● 塚田诚之、覃义生：《论明清两朝对壮族的统治政策 —— 明清时代壮族史研究（三）》，《广西民族研究》1989 年第 1 期。

● 广西壮族自治区博物馆、昭平县文物管理所：《广西昭平东汉墓》，《考古学报》1989 年第 2 期。

● 蓝日勇：《广西战国铁器初探》，《考古与文物》1989 年第 3 期。

● 何乃汉：《骆越非百越族群说》，《广西民族研究》1989 年第 4 期。

● 蒋廷瑜：《羊角钮铜钟补述》，《广西民族研究》1989 年第 4 期。

● 覃义生：《广西出土的六朝青瓷》，《考古》1989 年第 4 期。

● 蒋廷瑜：《铜鼓研究四十年》，《广西社会科学》1989 年第 5 期。

● 广西壮族自治区文物工作队：《广西象州县发现一批战国文物》，《文物》1989 年第 6 期。

● 蒋廷瑜：《铜鼓研究的科学总结 —— 简评〈中国古代铜鼓〉》，《考古》1989 年第 12 期。

● 黄增庆：《从考古资料看历史上的西瓯骆越文化》，《百越史论集》，云南民族出版社，1989 年。

● 黄增庆：《从考古资料看广西壮族的由来及其在原始氏族社会的生活情况岭外壮族汇考》，广西民族出版社，1989 年。

● 蒋廷瑜：《红水河上的独木舟》，《文物天地》1990 年第 1 期。

● 蒋廷瑜：《中国古代铜鼓研究会的回顾》，《民族研究动态》1990 年第 1 期。

● 韦仁义：《广西古代陶瓷综述》，《民族艺术》1990 年第 2 期。

● 塚田诚之、覃义生：《关于明清时代壮族佃农化之考察 —— 明清时代壮族史研究（二）》，《广西民族研究》1990 年第 2 期。

● 周继勇：《苗族宗教试析》，《贵州民族研究》1990 年第 2 期。

● 黄慰文、冷健、员晓枫、谢光茂：《对百色石器层位和时代的新认识》，《人类学学报》1990 年第 2 期。

● 蒋廷瑜、彭书琳：《广西打制石器的传统风格》，《考古与文物》1990 年第 3 期。

● 王克荣：《广西隆安县发现唐代铜官印》，《文物》1990 年第 10 期。

● 蒋廷瑜：《壮族文人吟咏铜鼓的诗》，《广西民族研究》1990 年第 4 期。

● 姚舜安、蒋廷瑜、万辅彬：《论灵山型铜鼓》，《考古》1990 年第 10 期。

● 黄增庆、张一民：《西瓯、骆越的文化特点及其对我国文化的贡献》，《百越民族研究》，江西教育出版社，1990 年。

● 何乃汉：《关于桂林甑皮岩遗址的年代和华南新石器时代的早期开发问题》，《甑皮岩遗址研究》，漓江出版社，1990 年。

● 谢光茂：《广西都安巴独山发现的人类文化遗物及动物化石》，《人类学学报》1991 年第 3 期。

● 谢光茂：《百色旧石器与南亚、东南亚早期旧石器的关系》，《南方民族考古》（第三辑），四川科学技术出版社，1991 年。

● 谢光茂：《百色手斧研究》，《纪念黄岩洞遗址发现 30 周年论文集》，广东旅游出版社，1991 年。

● 彭书琳、王文魁：《广西隆林龙洞发现的人类化石及其共生的哺乳动物群》，《南方民族考古》（第三辑），四川科学技术出版社，1991 年。

● 蒋廷瑜：《铜鼓与丧葬礼仪》，《南方民族考古》（第三辑），四川科学技术出版社，1991 年。

● 彭书琳、蒋廷瑜：《广西西津贝丘遗址及其有肩石器》，《东南文化》1991 年第 3、4 期。

● 彭书琳、蒋廷瑜：《试论广西的有肩石器》，《纪念黄岩洞发现三十周年论文集》，广东旅游出版社，1991 年。

● 蒋廷瑜、彭书琳：《桂南大石铲研究》，《南方文物》1992 年第 1 期。

● 蒋廷瑜：《唐诗中的铜鼓》，《文物天地》1991 年第 3 期。

● 彭子成、万辅彬、鲁冀邑、姚舜安、李世红、蒋廷瑜：《LEAD ISOTOPE STUDIES ON ANCIENT BRONZE DRUMS OF GUANGXI CHINA》，《核科学与技术》（英文版）1991 年第 2 卷第 3 期。

● 广西博物馆、田东县博物馆：《广西左右江流域崖洞葬调查研究》，《江汉考古》1991 年第 3 期。

● 蒋廷瑜：《铜鼓雌雄论》，《中南民族大学学报（人文社会科学版）》1991 年第 5 期。

● 林强：《大化瑶族自治县布屯新石器时代洞穴遗址调查报告》，《广西文物》1992 年第 1 期。

● 韦仁义：《宋代广西的青白瓷》，《景德镇陶瓷》1992 年第 1 期。

● 蒋廷瑜：《崇左归龙斜塔》，《文物天地》1992 年第 1 期。

● 万辅彬、盛乐民、李晓岑、张玉忠、李世红、蒋廷瑜：《麻江型铜鼓的铅同位素考证》，《自然科学史研究》1992 年第 2 期。

● 谷口房男、覃义生：《日本的壮族史研究动态》，《广西民族研究》1992 年第 2 期。

● 谢光茂、谢日万：《右江上游地区新发现的旧石器》，《广西文物》1992 年第 1 期。

● 黄启善：《广西博物馆早期史略》，《中国博物馆》1992 年第 3 期。

● 林强：《广西汉代陶屋初探》，《广西文物》1992 年第 3 ~ 4 期。

● 蒋廷瑜：《桂林唐代摩崖造像》，《东南文化》1992 年第 5 期。

- 谢日万：《建窑黑釉瓷创烧、兴盛和衰落的年代》，《东南文化》1992年第5期。
- 蒋廷瑜：《铜鼓研究的新发展——中国南方及东南亚地区古代铜鼓和青铜文化第二次国际学术讨论会综述》，《学术研究动态》1992年第6期。
- 何乃汉、陈小波：《桂平史前文化遗存》，《桂平文史资料》（总第19辑），1992年6月。
- 黄启善：《广西发现的汉代玻璃器》，《文物》1992年第9期。
- 陈左眉：《水族的"端节"》，《八桂香屑录》，上海书店出版社，1992年。
- 蒋廷瑜：《灵渠上的石拱桥》，《文物天地》1993年第1期。
- 蒋廷瑜：《广西铜鼓概论》，《广西社会科学》1993年第1期。
- 蒋廷瑜：《冯京籍贯有新证》，《文史春秋》1993年第1期。
- 蒋廷瑜：《汉代同坟异穴夫妻合葬墓浅议》，《南方文物》1993年第1期。
- 蒋廷瑜：《关于铜鼓起源的论争》，《故宫博物院院刊》1993年第1期。
- 周继勇：《广西崖洞葬调查报告》，《文物》1993年第1期。
- 蒋廷瑜：《铜鼓奇观》，《中外文化交流》1993年第3期。
- 蓝日勇：《汉代广西越文化特点简论》，《广西民族研究》1993年第3期。
- 蓝日勇：《广西贵县汉墓出土银针的研究》，《南方文物》1993年第3期。
- 蓝日勇、杨小菁：《广西贵县罗泊湾一号汉墓漆器铭文探析》，《江汉考古》1993年第3期。
- 蒋廷瑜：《现代科技在铜鼓研究中的应用》，《民族研究动态》1993年第4期。
- 蒋廷瑜：《合浦珍珠与白龙珍珠城》，《历史大观园》1993年第4期。
- 张宪文：《侗族风雨桥》，《中外文化交流》1993年第5期。
- 黄启善：《广西灵山出土青铜短剑》，《考古》1993年第9期。
- 陈左眉：《太平天国钱币浅谈》，《广西博物馆建馆六十周年论文选集》，广西民族出版社，1993年。
- 韦仁义：《广西宋代青绿釉瓷及其与耀州窑的关系》，《广西博物馆建馆六十周年论文选集》，广西民族出版社，1993年。
- 韦仁义：《广西藤县宋代中和窑》，《广西文物考古报告集（1950~1990）》，广西人民出版社，1993年。
- 黄增庆：《谈谈铜鼓与宗教祭祀》，《铜鼓和青铜文化的新探索——中国南方及东南亚地区古代铜鼓和青铜文化第二次国际学术讨论会论文集》，广西民族出版社，1993年。
- 蓝日勇：《广西先秦越族青铜兵器研究》，《广西博物馆建馆六十周年论文选集》，广西民族出版社，1993年。
- 黄启善：《广西壮族民间酿酒技术与饮酒风俗》，《广西博物馆建馆六十周年论文选集》，广西民族出版社，1993年。
- 蒋廷瑜：《广州有座韦眷墓》，《宜山文史》（总第8期），政协宜山县委员会，1993年。
- 谢光茂：《百色盆地旧石器获重大发现》，《中国文物报》1993年第25期。
- 林强、谢光茂：《玉林市发现大铜鼓》，《中国古代铜鼓研究通讯》1993年第9期。
- 蒋廷瑜：《南越王国人殉试探》，《广西民族研究》1994年第1期。
- 黄启善：《广西博物馆60年发展史略》，《中国博物馆》1994年第3期。
- 林光琪、朱芳武、苏曲之、覃圣敏等：《广西壮族的皮纹研究》，《广西民族研究》1994年第3期。
- 蓝日勇：《〈东阳田器志〉木牍考释》《广西民族研究》1994年第4期。
- 蒋廷瑜：《龙编侯墓发现趣闻》，《文物天地》1994年第4期。
- 蒋廷瑜：《韦玄贞流放钦州早夭儿地府"冥婚"》，《文史春秋》1994年第5期。
- 王俊新、李平、张巽、彭子成、陈树瑜、黄允兰、蒋廷瑜、邱钟仑：《广西合浦堂排西汉古玻璃的铅同位素示踪研究》，《核技术杂志》1994年第17卷第8期。
- 陈左眉：《毛难族的分龙节》，《桂海遗珠》，上海书店出版社，1994年。
- 蒋廷瑜：《岭南出土石戈探微》，《南中国及邻近地区古文化研究——庆祝郑德坤教授从事学术活动六十周年论文集》，香港中文大学出版社，1994年。
- 万辅彬、李世红、蒋廷瑜等：《世界铜鼓之王:北流型101号铜鼓铸造工艺研究》，《文物保护与考古科学》1995年第1期。
- 林圣龙、何乃汉：《关于百色的手斧》，《人类学学报》1995年第2期。
- 彭书琳：《柳江人的身高》，《文史春秋》1995年第2期。
- 黄启善：《广西古代钱币的来源与研究》，《区域金融研究》1995年第S1期。
- 陈左眉：《清末民初广西对外经济贸易及其货币文化》，《区域金融研究》1995年第S1期。
- 蒋廷瑜：《张士贵曾任鬒州道行军总管》，《广西地方志》1995年第3期。
- 韦江：《试论桂南大石铲的功用》，《民族艺术》1995年第4期。
- 陈树瑜、黄允兰、彭子成、河西学、铃木稔、韦仁义：《广西宋代严关窑初探》，《文物研究》1995年第10期。
- 梁旭达：《论壮族地区的原始农业经济》，《壮学论集》，广西民族出版社，1995年。
- 蒋廷瑜：《壮族文人铜鼓诗探微》，《壮学论集》，广西民族出版社，1995年。
- 黄增庆、张一民：《浅谈百越族群几种文化特点》，《百越文化国际学术讨论会暨贵州省侗学会第三届学术年会论文集》，黔东南民族研究所，1995年。
- 广西壮族自治区博物馆、李珍、彭鹏程：《广西兴安县红卫村发现纪年唐墓》，《考古》1996年第8期。

- 蒋廷瑜：《千年铜鼓奏欢歌》，《中外文化交流》1996 年第 2 期。
- 蒋廷瑜：《简论铜鼓上的雕塑艺术》，《民族艺术》1996 年第 3 期。
- 彭子成、黄允兰、孙卫东、铃木稔、河西学、蒋廷瑜、陈文：《广西古代陶器组成的研究》，《硅酸盐学报》1996 年第 3 期。
- 蒋廷瑜：《郭沫若为张曙两写墓碑》，《文史春秋》1996 年第 6 期。
- 彭书琳：《广西古代捕象、驯象和役象》，《第二届中国少数民族科技史国际学术讨论会论文集》，社会科学文献出版社，1996 年。
- 蒋廷瑜：《广西贵县罗泊湾汉墓出土度量衡资料分析》，《第二届中国少数民族科技史国际学术讨论会论文集》，社会科学文献出版社，1996 年。
- 蒋廷瑜：《中国南方及东南亚地区古代铜鼓和青铜文化第三次国际学术讨论会纪要》，《民族研究动态》1997 年第 1 期。
- 蓝日勇：《左江流域岩壁画始作年代辨正》，《南方文物》1997 年第 1 期。
- 蓝日勇：《宋代壮族地区陶瓷业的兴盛及其原因》，《广西民族研究》1997 年第 1 期。
- 谢光茂：《论中国南方及东南亚地区早期砾石器》，《东南文化》1997 年第 2 期。
- 蒋廷瑜：《中国南方及东南亚地区古代铜鼓和青铜文化第三次国际学术讨论会》，《民族艺术》1997 年第 2 期。
- 万辅彬、田丰、蒋廷瑜：《论田东出土万家坝型铜鼓的意义》，《广西民族学院学报(哲学社会科学版)》1997 年第 19 卷第 3 期。
- 杨清平：《试论三国两晋南北朝时期岭南少数民族与汉族的文化交流与融合》，《贵州民族研究》1997 年第 3 期。
- 蒋廷瑜：《广西贝丘遗址的考察与研究》，《广西民族研究》1997 年第 4 期。
- 陈左眉：《浅谈铜鼓上装饰的钱纹图案》，《铜鼓和青铜文化的再探索——中国南方及东南亚地区古代铜鼓和青铜文化第三次国际学术讨论会论文集》，《民族艺术》1997 年增刊。
- 万辅彬、姚舜安、李世红、鲁冀邕、彭子成、蒋廷瑜：《古代铜鼓矿料来源的铅同位素考证》，《广西物理》1997 年第 18 卷第 4 期。
- 李珍：《广西地区早期新石器时代文化》，《中国文物报》1998 年 7 月 29 日。
- 中国社会科学院考古研究所广西工作队、广西壮族自治区文物工作队：《1996 年广西石器时代考古调查简报》，《考古》1997 年第 10 期。
- 黄启善：《广西汉代金饼初论》，《广西金融研究》1997 年第 A1 期。
- 黄启善：《广西宋代铸钱初论》，《广西钱币学会十年文章选编 1985—1995 年》，广西美术出版社，1997 年。
- 蒋廷瑜：《"宜州管下羁縻都黎县印"考》，《宜州文史 1997 年》(总第 11 辑)，政协宜州市委员会，1997 年。
- 彭书琳：《广西百色盆地的旧石器》，《"元谋人"发现三十周年纪念暨古人类国际学术研讨会文集》，云南科技出版社，1998 年。
- 蒋廷瑜：《广西古代对简车的使用和推广》，《农业考古》1998 年第 1 期。
- 蓝日勇：《马援铸"马式"铜鼓质疑》，《广西文史》1998 年第 1 期。
- 陈树榆、林淑钦、彭子成、河西学、铃木稔、韦仁义：《广西兴安严关窑宋代瓷器的研究》，《中国科学技术大学学报》1998 年第 1 期。
- 蒋廷瑜：《略论汉"徙合浦"》，《社会科学家》1998 年第 1 期。
- 广西文物工作队、合浦县博物馆：《广西合浦县母猪岭东汉墓》，《考古》1998 年第 5 期。
- 蒋廷瑜：《〈商周艺术〉序》，《广西民族学院学报(哲学社会科学版)》1998 年第 20 卷。
- 蒋廷瑜：《广西考古四十年概述》，《考古》1998 年第 11 期。
- 广西壮族自治区文物工作队：《广西北海市盘子岭东汉墓》，《考古》1998 年第 11 期。
- 广西壮族自治区文物工作队、兴安县博物馆：《广西兴安县秦城遗址七里圩王城城址的勘探与发掘》，《考古》1998 年第 11 期。
- 广西壮族自治区文物工作队、钟山县博物馆：《广西钟山县张屋东汉墓》，《考古》1998 年第 11 期。
- 中国社会科学院考古研究所广西工作队、广西壮族自治区文物工作队、南宁市博物馆：《广西邕宁县顶蛳山遗址的发掘》，《考古》1998 年第 11 期。
- 彭书琳：《广西百色盆地的旧石器》，《"元谋人"发现三十周年纪念暨古人类国际学术研讨会文集》，云南科学技术出版社，1998 年。
- 蓝日勇：《宋代广西陶瓷业兴盛原因初探》，《跋涉集——北京大学历史系考古专业七五届毕业生论文集》，北京图书馆出版社，1998 年。
- 蒋廷瑜：《广西所见人面弓形格铜剑》，《广州文物考古集》，文物出版社，1998 年。
- 田丰、万辅彬、蒋廷瑜：《试论广西田东县出土万家坝型铜鼓的意义和传播路线》，《第三届中国少数民族科技史国际学术讨论会论文集 1998》，云南科学技术出版社，1998 年。
- 蒋廷瑜、彭书琳：《广西先秦两汉玉器略说》，香港中文大学《东亚玉器》，1998 年。
- 李珍、李富强：《华南地区旧石器时代向新石器时代过渡的探讨》，《中石器文化及有关问题研讨会论文集》，广东人民出版社，1999 年。
- 覃义生：《战国秦汉时期瓯骆宗教性青铜器探微》，《广西民族研究》1999 年第 1 期。
- 覃义生：《广西东兰壮族蚂拐节的调查与研究》，《广西民族研究》1999 年第 2 期。
- 彭书琳：《广西崖洞葬略述》，《广西文史》1999 年第 1 期。
- 蒋廷瑜：《湘桂走廊考古发现琐记》，《桂北文化研究》，广西人民出版社，1999 年。

- 黄启善：《广西宋代夹锡铁钱探讨》，《广西金融研究》1999 年第 A1 期。
- 谢光茂：《克伦人对铜鼓的使用》（一）（译文），《中国古代铜鼓研究通讯》1999 年第 15 期。
- 谢光茂：《国外发现和收藏的铭文铜鼓》（译文），《中国古代铜鼓研究通讯》1999 年第 15 期。
- 王頠、黄启善、周石保：《广西柳江土博新发现的人类化石》，《龙骨坡史前文化志（第一卷）》，中华书局，1999 年。
- 蓝日勇：《〈东阳田器志〉木牍发微》，《南方文物》2000 年第 2 期。
- 彭书琳：《广西大石铲出土点》，《广西文史》2000 年第 2 期。
- 李珍：《顶蛳山遗址：八桂大地的史前之谜》，《民族之声》2000 年第 5 期。
- 李珍：《南宁地区的贝丘文化》，《南地工作》2000 年第 6 期。
- 李珍：《广西古代滑石器随葬研究》，《广西文史》2000 年第 1 期。
- 蒋廷瑜：《在越南考察铜鼓》，《文物天地》2000 年第 1 期。
- 蒋廷瑜：《铜鼓研究一世纪》，《民族研究》2000 年第 1 期。
- 广西壮族自治区文物工作队：《广西横县江口新石器时代遗址的发掘》，《考古》2000 年第 1 期。
- 林强：《广西汉代厚葬习俗研究》，《广西民族研究》2000 年第 2 期。
- 黄启善：《宜州贝币小考》，《广西金融研究》2000 年第 A1 期。
- 梁旭达：《红水河流域原始文化概述》，《广西民族研究》2000 年第 2 期。
- 蒋廷瑜：《铜鼓上的雕塑艺术》，《收藏家》2000 年第 8 期。
- 蒋廷瑜：《广西汉代玻璃器》，《收藏家》2000 年第 10 期。
- 侯亚梅、理查德·坡茨、谢光茂等：《中国南方百色盆地更新时中期类阿舍利技术》，《科学》（美国）2000 年 287 卷（Hou Yamei, Richard Potts, Yuan Baoyin, Guo Zhentang, Alan Deino, Wang Wei, Jennifer Clark, Xie Guangmao, Huang Weiwen, 2000 . Mid-Pleistocene Acheulean-like Stone Technology of the Bose Basin, South China. *Science*, 287（5458）:1622~1626.）
- 杨清平：《贵港长训岭新石器时代遗址》，《中国考古学年鉴·1998》，文物出版社，2000 年。
- 蒋廷瑜：《铜鼓地名研究》，《文化的馈赠 ── 汉学研究国际会议论文集（考古学卷）》，北京大学出版社，2000 年。
- 谢光茂：《克伦人对铜鼓的使用》（续一）（译文），《中国古代铜鼓研究通讯》2000 年第 16 期。
- 李珍：《广西古代滑石器研究》，《广西民族研究》2001 年第 1 期。
- 韦江：《广东文物考古工作新成果的考察与思考》，《广西民族研究》2001 年第 1 期。
- 黄槐武、谢日万：《广西宁明花山岩画的保护与防治研究》，《广西民族研究》2001 年第 1 期。
- 谢光茂、胡章华：《右江上游地区的旧石器》，《南方文物》2001 年第 2 期。
- 蓝日勇：《广西合浦上窑瓷烟斗的绝对年代及烟草问题别议》，《南方文物》2001 年第 2 期。
- 谢光茂：《原料对旧石器加工业的影响》，《广西民族研究》2001 年第 2 期。
- 谢日万：《论两广战国汉代墓的腰坑习俗》，《广西民族研究》2001 年第 2 期。
- 杨清平：《东周时期两广地区瓯骆墓葬文化因素浅析》，《广西民族研究》2001 年第 3 期。
- 梁旭达、邓兰：《汉代合浦郡与海上丝绸之路》，《广西民族研究》2001 年第 3 期。
- 蒋廷瑜：《广西唐宋时期佛教遗迹述略》，《广西文史》2001 年第 3 期。
- 韦江：《广西那坡感驮岩遗址出土牙璋研究》，《广西民族研究》2001 年第 3 期。
- 李珍、蓝日勇：《秦汉时期桂东北地区的交通开发与城市建设》，《广西民族研究》2001 年第 4 期。
- 覃义生、覃彩銮：《大石铲遗存的发现及其有关问题的探讨》，《广西民族研究》2001 年第 4 期。
- 蒋廷瑜：《试从考古发现探寻汉晋广信县治的地理位置》，《广西地方志》2001 年第 5 期。
- 黄启善：《广西贝币研究》，《广西金融研究》2001 年第 A1 期。
- 陈左眉、陈丁山：《浅谈广西古墓葬出土的铜鼓》，《铜鼓和青铜文化研究 ── 中国南方及东南亚地区古代铜鼓和青铜文化第四次国际学术讨论会论文集》，贵州人民出版社，2001 年。
- 蒋廷瑜：《关于左江岩画的保护问题》，《2000 宁夏国际岩画研讨会文集》，宁夏人民出版社，2001 年。
- 蒋廷瑜：《民间传说中的铜鼓》，《铜鼓和青铜文化研究 ── 中国南方及东南亚地区古代铜鼓和青铜文化第四次国际学术讨论会论文集》，贵州人民出版社，2001 年。
- 蒋廷瑜、梁富林、农学坚、罗坤馨：《河池地区红水河流域传世铜鼓调查报告》，《红水河文化研究》，广西人民出版社，2001 年。
- 谢光茂、林强：《百色旧石器的发现与研究》，《第八届中国古脊椎动物学学术年会论文集》，海洋出版社，2001 年。
- 谢光茂：《阿舍利文化与莫维士理论》，《中国文物报》2001 年 1 月 3 日。
- 谢光茂：《釜形鼓的起源》（译文），《中国古代铜鼓研究通讯》2001 年第 17 期。
- 蒋廷瑜、彭书琳：《汉代合浦及其海上交通的几个问题》，《广西环北部湾文化研究》，广西人民出版社，2002 年。
- 黄启善：《环北部湾古代玻璃的发现与研究》，《广西环北部湾文化研究》，广西人民出版社，2002 年。

- 蒋廷瑜:《重见天日的南越文化——广西贵县罗泊湾汉墓发掘记》,《考古人手记》(第一辑),生活·读书·新知三联书店,2002 年。
- 韦江:《广西那坡县感驮岩遗址出土牙璋研究》,《四川文物》2002 年第 1 期。
- 蒋廷瑜:《西汉南越国时期的铜桶》,《东南文化》2002 年第 12 期。
- 李珍:《广西武鸣县发现早期岩洞葬》,《中国文物报》2002 年 8 月 8 日。
- 杨清平:《试论六朝时期儒释道"三教"对岭南地区葬俗的影响》,《广西民族研究》2002 年第 1 期。
- 谢光茂:《关于百色手斧问题——兼论手斧的划分标准》,《人类学学报》2002 年第 1 期。
- 林强:《岭南汉代夫妻合葬墓相关问题的探讨》,《广西民族研究》2002 年第 1 期。
- 陈左眉:《宋代广西钱监的设置与广西经济的发展》,《广西民族研究》2002 年第 1 期。
- 广西壮族自治区文物工作队:《广西贵港市马鞍岭东汉墓》,《考古》2002 年第 3 期。
- 林强:《广西百色田东坡西岭旧石器时代遗址发掘简报》,《人类学学报》2002 年第 1 期。
- 广西壮族自治区文物工作队:《巴东县西瀼口古墓葬 2000 年发掘简报》,《江汉考古》2002 年第 1 期。
- 黄槐武:《论广西石质文物的保护》,《广西民族研究》2002 年第 2 期。
- 覃芳:《邕宁县顶蛳山遗址葬俗试释》,《广西民族研究》2002 年第 2 期。
- 黄启善:《广西贺州宋代夹锡钱再论》,《广西金融研究》2002 年第 A2 期。
- 蒋廷瑜:《汉代錾刻花纹铜器研究》,《考古学报》2002 年第 3 期。
- 彭书琳:《桂林的古塔》,《广西文史》2002 年第 3 期。
- 覃芳、梁旭达:《广西环北部湾地区的考古文化》,《广西环北部湾文化研究》,广西人民出版社,2002 年。
- 梁旭达、杨清平、韦革:《环北部湾地区的原始文化探索》,《广西环北部湾文化研究》,广西人民出版社,2002 年。
- 蒋廷瑜:《钦州铜鼓综述》,《钦州文史(第 9 辑)——"愿风吹我到钦州"史料选编,政协广西壮族自治区钦州市委员会文史资料和学习委员会,2002 年。
- 谢光茂:《佩砧型铜鼓》(译文),《中国古代铜鼓研究通讯》2002 年第 18 期。
- 谢光茂、彭长林、杨清平、韦革、田丰:《百色盆地旧石器考古获重大发现》,《中国文物报》2002 年 9 月 27 日。
- 蒋廷瑜:《广西铜鼓的征集与研究》,《广西文史》2003 年第 1 期。
- 杨清平:《三国两晋南北朝时期岭南合葬墓形制及相关问题的探讨》,《广西民族研究》2003 年第 2 期。
- 黄槐武:《论广西文物保护技术的发展问题》,《广西民族研究》2003 年第 2 期。
- 杨清平:《试论六朝时期广西地区的农业》,《农业考古》2003 年第 3 期。
- 黄启善:《广西宋代铸铁钱试析》,《广西金融研究》2003 年第 A 期。
- 蒋廷瑜:《岭南地区的人面弓形格铜剑》,《收藏家》2003 年第 3 期。
- 蒋廷瑜:《广西所见"三藩"土官印》,《故宫博物院院刊》2003 年第 3 期。
- 郭宏、黄槐武、谢日万、蓝日勇:《广西富川百柱庙建筑彩绘的保护修复研究》,《文物保护与考古科学》2003 年第 4 期。
- 蒋廷瑜:《广西所见唐和南汉时期的佛钟》,《收藏》2003 年第 10 期。
- 广西壮族自治区文物工作队、那坡县博物馆:《广西那坡县感驮岩遗址发掘简报》,《考古》2003 年第 10 期。
- 谢光茂、林强、彭长林:《广西革新桥发现一处大规模石器加工场》,《中国文物报》2003 年 3 月 5 日。
- 谢光茂、林强、彭长林:《百色盆地上宋遗址出土大量玻璃陨石》,《中国文物报》2003 年 5 月 16 日。
- 广西壮族自治区文物工作队:《广西百色市革新桥新石器时代遗址》,《考古》2003 年第 12 期。
- 黄启善:《广西古代玻璃的研究》,《中国南方古玻璃研究 2002 年南宁中国南方古玻璃研讨会论文集》,上海科学技术出版社,2003 年。
- 蒋廷瑜:《巴东西瀼口所见汉晋墓砖》,《2003 三峡文物保护与考古学研究学术研讨会论文集》,科学出版社,2003 年。
- 郭宏、韩汝玢、黄槐武、谢日万、蓝日勇:《广西花山岩画物理风化机理及其治理》,《文物科技研究》(第二辑),2004 年。
- 何乃汉、巫惠民、谢光茂:《八桂洞穴探宝 尽显宗师风采——忆裴文中教授在广西考古二三事》,《不朽的人格与业绩——纪念裴文中先生诞辰 100 周年》,科学出版社,2004 年。
- 黄启善:《中国南方古代玻璃的研究》,《广西博物馆文集》(第 1 辑),广西人民出版社,2004 年。
- 韦江、韦革:《藤县灵济寺遗址的发掘与收获》,《广西考古文集》,文物出版社,2004 年。
- 郭宏、黄槐武、谢日万、蓝日勇:《广西左江岩画的艺术特征及其价值》,《东南文化》2004 年第 2 期。
- 蒋廷瑜:《先秦两汉时期岭南的青铜冶铸业》,《广西民族学院学报(自然科学版)》2004 年第 2 期。
- 蒋廷瑜:《桂林甑皮岩遗址最新研究成果》,《广西文史》2004 年第 2 期。
- 彭书琳:《连获考古双奖的革新桥遗址》,《广西文史》2004 年第 2 期。
- 蒋廷瑜:《我对日本研究铜鼓状况的考察》,《广西文史》2004 年第 3 期。
- 蒋廷瑜:《铜鼓研究在中国的进展——在日本东方学会上的发言》,《广西文史》2004 年第 4 期。

- 李珍:《汉代零陵县治考》,《广西民族研究》2004 年第 6 期。
- 蒋廷瑜:《罕见的五铢钱纹铜鼓》,《收藏》2004 年第 6 期。
- 黄启善:《试论贝币的出现与发展》,《广西金融研究》2004 年第 A1 期。
- 傅宪国、蓝日勇、李珍等:《鲤鱼嘴遗址再度发掘 —— 基本建立柳州地区史前文化发展序列》,《中国文物报》2004 年 8 月 4 日。
- 李珍:《桂东南地区的史前文化》,《西江文化研究》,广西人民出版社,2004 年。
- 何安益、彭长林:《从晓锦遗址看新石器时代洞庭湖区与珠江流域地区原始文化的交往》,《广西考古文集》,文物出版社,2004 年。
- 李珍:《兴安秦城城址的考古发现与研究》,《广西考古文集》,文物出版社,2004 年。
- 杨清平:《两广地区几何印纹陶审美价值探讨》,《广西考古文集》,文物出版社,2004 年。
- 梁旭达:《汉武帝平定南越述评》,《广西博物馆文集》(第 1 辑),广西人民出版社,2004 年。
- 梁旭达:《广西史前经济浅说》,《广西考古文集》,文物出版社,2004 年。
- 梁旭达:《论广西两汉时期经济的发展》,《西江文化研究》,广西人民出版社,2004 年。
- 林强:《广西史前生态环境》,《广西考古文集》,文物出版社,2004 年。
- 广西壮族自治区文物工作队:《象州南沙湾贝丘遗址 1999～2000 年度发掘简报》,《广西考古文集》,文物出版社,2004 年。
- 广西壮族自治区文物工作队、合浦县博物馆:《合浦县凸鬼岭汉墓发掘简报》,《广西考古文集》,文物出版社,2004 年。
- 李珍:《广西河岸贝丘遗址的发现与研究》,《广西博物馆文集》(第一辑),广西人民出版社,2004 年。
- 蒋廷瑜:《"劳邑执封"琥珀印考》,《广西博物馆文集》(第一辑),广西人民出版社,2004 年。
- 谢光茂:《关于百色旧石器的几点认识》,《广西博物馆文集》(第一辑),广西人民出版社,2004 年。
- 杨清平:《历史上壮汉逐步融合相关因素分析》,《广西博物馆文集》(第一辑),广西人民出版社,2004 年。
- 何安益:《晓锦遗址的文化性质及其初步认识》,《广西博物馆文集》(第一辑),广西人民出版社,2004 年。
- 林强:《广西考古新发现概述》,《广西博物馆文集》(第一辑),广西人民出版社,2004 年。
- 广西壮族自治区文物工作队、资源县文物管理所:《广西资源晓锦新石器时代遗址发掘简报》,《考古》2004 年第 3 期。
- 何安益、杨清平、谢广维:《广西六卓岭和尚朗岭遗址文化性质的初步认识》,《岭南考古研究 4》,香港考古学会,2004 年。

- 彭书琳:《广西早期崖洞葬的青铜器》,《广西博物馆文集》(第一辑),广西人民出版社,2004 年。
- 黄槐武、谢日万、蓝日勇、郭宏:《富川县百柱庙彩绘保护》,《广西考古文集》,文物出版社,2004 年。
- 蓝日勇:《广西西林铜棺墓出土的铜面具并非傩具辨》,《广西博物馆文集》(第一辑),广西人民出版社,2004 年。
- 蓝日勇:《从考古发现谈汉代广西的博戏》,《广西考古文集》,文物出版社,2004 年。
- 黄启善:《试论中越两国古代钱币的交流与商贸活动》,《广西金融研究》2005 年第 A2 期。
- 蒋廷瑜:《有关广西的汉代官印》,《广西文史》2005 年第 3 期。
- 彭书琳:《对贺州北宋钱监遗址的几点认识》,《广西文史》2005 年第 3 期。
- 郭宏、韩汝玢、赵静、黄槐武、谢日万、蓝日勇:《广西花山岩画颜料及其褪色病害的防治对策》,《文物保护与考古科学》2005 年第 4 期。
- 郭宏、韩汝玢、赵静、黄槐武、谢日万、蓝日勇:《广西花山岩画风化产物微观特征研究》,《中原文物》2005 年第 6 期。
- 蒋廷瑜、刑毅(摄影):《追寻铜鼓之路》,《中国国家地理》2005 年第 12 期。
- 蓝日勇:《罗泊湾汉墓医药文物补识》,《广西博物馆文集》(第二辑),广西人民出版社,2005 年。
- 蓝日勇、蒋廷瑜:《广西汉墓的发掘与南越国史研究》,《南越国史迹研讨会论文选集》,文物出版社,2005 年。
- 郭宏、韩汝玢、赵静、黄槐武、谢日万、蓝日勇:《广西花山岩画岩石化学风化机理研究》,《文物科技研究》(第三辑),科学出版社,2005 年。
- 黄启善:《世界古代玻璃化学成分综论》,《广西博物馆文集》(第二辑),广西人民出版社,2005 年。
- 黄启善:《中国南方和西南的古代玻璃技术》,《中国古代玻璃技术的发展》,上海科学技术出版社,2005 年。
- 何安益:《百色新石器时代原始文化》,《广西博物馆文集》(第二辑),广西人民出版社,2005 年。
- 梁旭达:《试论广西花山崖壁画的年代问题》,《广西博物馆文集》(第二辑),广西人民出版社,2005 年。
- 李珍、覃玉东:《广西汉代城址初探》,《广西博物馆文集》(第二辑),广西人民出版社,2005 年。
- 李珍等:《广西桂平市大塘城汉代墓葬和窑址的发掘》,《广西博物馆文集》(第二辑),广西人民出版社,2005 年。
- 杨清平:《六朝时期广西地区农业经济繁荣原因探析》,《广西博物馆文集》(第二辑),广西人民出版社,2005 年。
- 李珍:《史前时期壮泰族群文化的交流与融合》,《中国壮学》(第一辑),

民族出版社，2005 年。

● 蒋廷瑜：《红水河流域铜鼓文化综述》，《红水河民族文化艺术考察研究》，广西人民出版社，2005 年。

● 蒋廷瑜：《东山铜鼓在铜鼓发展史中的地位》，《广西博物馆文集》（第二辑），广西人民出版社，2005 年。

● 杨清平：《浅谈科学发展观与文物资源的旅游开发》，《创新旅游管理方式暨文化与旅游研讨会论文集》，香港考古学会出版社，2005 年。

● 彭书琳、蒋廷瑜：《从考古发现探索百色上古时期的历史进程》，《历史的启示 —— 右江流域民族历史文化与经济开发研讨会暨广西历史学会第十次会员代表大会论文集》，广西人民出版社，2005 年。

● 何乃汉：《再论岭南中石器时代》，《广西博物馆文集》（第二辑），广西人民出版社，2005 年。

● 黄鑫、谢光茂：《广西百色盆地新发现旧石器地点》，《人类学学报》2005 年第 3 期。

● 蒋廷瑜：《试论长江流域的铜鼓文化》，《长江文化议论集（上）》，湖北教育出版社，2005 年。

● 蒋廷瑜：《铜鼓是东盟古代文化的共同载体》，《广西民族学院学报（哲学社会科学版）》第 27 卷，2005 年。

● 谢日万：《我国文物保护工程队伍存在的问题和对策》，《广西博物馆文集》（第二辑），广西人民出版社，2005 年。

● 蒋廷瑜：《与广西有关的几方唐宋官印》，《广西文史》2006 年第 1 期。

● 陈文、陈左眉：《广西贵港深钉岭汉墓发掘报告》，《考古学报》2006 年第 1 期。

● 彭书琳：《介绍广西零星发现的商周青铜器》，《广西文史》2006 年第 2 期。

● 郭宏、韩汝玢、赵静、黄槐武、谢日万、蓝日勇：《广西花山岩画抢救性保护修复材料的选择试验》，《文物保护与考古科学》2006 年第 3 期。

● 蒋廷瑜、蓝日勇：《广西古代越文化遗物要览》，《瓯骆遗粹 —— 广西百越文化文物精品集》，中国社会科学出版社，2006 年。

● 黄启善：《广西出土玉器研究》，《广西博物馆文集》（第三辑），广西人民出版社，2006 年。

● 黄启善：《试论中越两国古代钱币的交流与商贸活动》，《社会科学论丛第 3 卷（2006）》，广西科学技术出版社，2006 年。

● 蒋廷瑜：《再论汉代罪犯流徙合浦的问题》，《海上丝绸之路研究 —— 中国·北海合浦海上丝绸之路始发港理论研讨会论文集》，科学出版社，2006 年。

● 蒋廷瑜、王伟昭：《黄泥岗 1 号墓和"徐闻令印"考》，《海上丝绸之路研究 —— 中国·北海合浦海上丝绸之路始发港理论研讨会论文集》，科学出版社，2006 年。

● 黄启善：《广西汉代玻璃与海上丝绸之路》，《海上丝绸之路研究 ——

中国·北海合浦海上丝绸之路始发港理论研讨会论文集》，科学出版社，2006 年。

● 黄启善：《广西古代玻璃研究概述》，《广西考古文集》（第二辑），科学出版社，2006 年。

● 蒋廷瑜：《广西铜鼓研究七十年》，《广西考古文集》（第二辑），科学出版社，2006 年。

● 黄启善：《广西汉代玻璃与越人海上丝绸之路的探索》，《瓯骆遗粹 —— 广西百越文化文物精品集》，中国社会科学出版社，2006 年。

● 蓝日勇：《回顾与前瞻 —— 写在广西考古七十年之际》，《广西考古文集 —— 纪念广西考古七十周年专集》（第二辑），科学出版社，2006 年。

● 何乃汉、巫惠民、谢光茂：《八桂觅珍七十载，宗师风范永世存 —— 忆裴文中教授在广西考古二三事》，《广西博物馆文集》（第三辑），广西人民出版社，2006 年。

● 黄启善：《广西古代玻璃的科学测试分析与研究》，《文物保护与科技考古》，三秦出版社，2006 年。

● 黄槐武、张俐萍、蓝日勇：《近景摄影测量在花山岩画保护中的应用》，《文物保护与科技考古》，三秦出版社，2006 年。

● 李珍、杨轲：《广西武鸣芭旺、弄山岩洞葬的发掘与研究 —— 兼论广西早期岩洞葬的有关问题》，《华南及东南亚地区史前考古 —— 纪念甑皮岩遗址发掘三十周年国际学术研讨会论文集》，文物出版社，2006 年。

● 李珍：《广西湘江流域史前文化的初步认识》，《华南及东南亚地区史前考古 —— 纪念甑皮岩遗址发掘三十周年国际学术研讨会论文集》，文物出版社，2006 年。

● 李珍：《广西几何印纹陶的发现与研究》，《瓯骆遗粹》，中国社会科学出版社，2006 年。

● 谢光茂、彭长林、黄鑫：《广西百色百达遗址考古获重大发现》，《中国文物报》2006 年 4 月 7 日。

● 谢光茂、黄启善：《论百色手斧》，《岭南考古研究 5》，香港考古学会，2006 年。

● 谢光茂：《百色薄刃斧初步观察》，《"元谋人"发现 40 周年纪念会暨古人类国际学术研讨会文集》，云南科技出版社，2006 年。

● 谢光茂：《广西旧石器考古综述》，《第十届中国古脊椎动物学学术年会论文集》，海洋出版社，2006 年。

● 杨清平：《广西左江流域崖壁画功能的文化人类学考察》，《花山文化研究》，广西人民出版社，2006 年。

● 韦江：《广西先秦考古述评》，《广西考古文集》（第二辑），科学出版社，2006 年。

● 广西壮族自治区文物工作队、南宁市博物馆、武鸣县文物管理所：《广西武鸣县芭旺、弄山岩洞葬发掘报告》，《广西考古文集》（第二辑），科学出版社，2006 年。

● 广西壮族自治区文物工作队、岑溪市文物管理所：《广西岑溪市糯垌镇胜塘顶东汉墓发掘简报》，《广西考古文集》（第二辑），科学出版社，2006 年。

● 广西壮族自治区文物工作队、合浦县文物管理所：《广西合浦县岭脚村三国墓发掘报告》，《广西考古文集》（第二辑），科学出版社，2006 年。

● 广西壮族自治区文物工作队、合浦县文物管理所：《广西合浦县罗屋村古墓葬发掘报告》，《广西考古文集》（第二辑），科学出版社，2006 年。

● 广西壮族自治区文物工作队、崇左县文物管理所：《广西崇左市汽车总站停车场北宋至明清墓葬发掘报告》，《广西考古文集》（第二辑），科学出版社，2006 年。

● 广西壮族自治区文物工作队：《广西湘江流域史前文化遗址的调查与研究》，《广西考古文集》（第二辑），科学出版社，2006 年。

● 广西壮族自治区文物工作队、灌阳县文物管理所：《广西灌阳县画眉井隋代纪年墓》，《广西考古文集》（第二辑），科学出版社，2006 年。

● 李珍：《广西新石器时代考古七十年述略》，《广西考古文集》（第二辑），科学出版社，2006 年。

● 谢光茂：《广西旧石器时代考古回顾与瞻望》，《广西考古文集》（第二辑），科学出版社，2006 年。

● 广西壮族自治区文物工作队、南宁市博物馆、马山县文物管理所：《广西马山县六卓岭、尚朗岭新石器时代遗址发掘报告》，《广西考古文集》（第二辑），科学出版社，2006 年。

● 广西壮族自治区文物工作队、钟山县博物馆：《广西钟山县英家马山头、伏船岭发掘的三座古墓葬》，《广西考古文集》（第二辑），科学出版社，2006 年。

● 何安益：《论顶蛳山第四期与感驮岩第一期的关系 —— 兼谈其他问题》，《广西考古文集》（第二辑），科学出版社，2006 年。

● 韦革：《从历史学和考古学方面对汉代合浦郡县设置的一些认识》，《广西考古文集》（第二辑），科学出版社，2006 年。

● 韦革：《浅谈合浦东汉晚期至三国时期墓葬形制的一些变化》，《广西考古文集》（第二辑），科学出版社，2006 年。

● 梁旭达：《广西花山崖壁画有关问题的再探讨》，《花山文化研究》，广西人民出版社，2006 年。

● 梁旭达：《广西新石器时代早期文化遗存初探》，《华南及东南亚地区史前考古——纪念甑皮岩遗址发掘三十周年国际学术研讨会论文集》，文物出版社，2006 年。

● 梁旭达：《论广西秦汉时期的交通和商贸经济》，《广西考古文集——纪念广西考古七十周年专集》（第二辑），科学出版社，2006 年。

● 梁旭达：《开创壮族文明起源研究的力作 —— 评郑超雄新著〈壮族文明起源研究〉》，《中国壮学》（第二辑），民族出版社，2006 年。

● 谢广维：《广西汉代"外藏椁"初探》，《广西考古文集》（第二辑），科学出版社，2006 年。

● 彭书琳：《广西崖洞葬调查研究的回顾》，《广西考古文集》（第二辑），科学出版社，2006 年。

● 杨清平：《六朝时期岭南地区墓葬形制及相关问题探讨》，《广西考古文集》（第二辑），科学出版社，2006 年。

● 彭书琳：《合浦汉墓出土的佩饰品》，《海上丝绸之路研究 —— 中国・北海合浦海上丝绸之路始发港理论研讨会论文集》，科学出版社，2006 年。

● 陈丁山：《广西汉代饮食风貌概述》，《广西博物馆文集》（第三辑），广西人民出版社，2006 年。

● 彭书琳、陈左眉：《广西贺州市铁屎坪钱监遗址的试掘》，《考古》2006 年第 8 期。

● 彭书琳：《漓江流域的史前文化》，《广西博物馆文集》（第三辑），广西人民出版社，2006 年。

● 万辅彬、蒋廷瑜：《铜鼓：文化与传播》，《艺术与科学》（卷 2），清华大学出版社，2006 年。

● 蒋廷瑜：《对浙江上马山小铜鼓的认识》，《广西博物馆文集》（第三辑），广西人民出版社，2006 年。

● 彭书琳、蒋廷瑜：《资源晓锦制陶工艺的研究》，《华南及东南亚地区史前考古——纪念甑皮岩遗址发掘三十周年国际学术研讨会论文集》，文物出版社，2006 年。

● 李珍：《广西湘江流域史前文化的初步认识》，《华南及东南亚地区的史前考古：纪念甑皮岩遗址发掘三十周年国际学术研讨会论文集》，文物出版社，2006 年。

● 蒋廷瑜：《铜鼓是东盟古代文化的共同载体》，《多只眼睛看东盟》，民族出版社，2006 年。

● 郭宏、韩汝玢、赵静、黄槐武、谢日万、蓝日勇：《水在广西花山岩画风化病害中的作用及其防治对策》，《文物保护与考古科学》2007 年第 2 期。

● 郭宏、韩汝玢、李斌、赵静、黄槐武、谢日万、蓝日勇：《广西花山岩画岩石生物风化机理及其防治对策研究》，《中国文物科学研究》2007 年第 2 期。

● 林强：《广西红水河流域新石器时代台地遗址的发现和研究》，《南方文物》2007 年第 3 期。

● 韦江、杨清平：《广西武鸣河流域先秦墓葬的初步研究》，《南方文物》2007 年第 3 期。

● 何安益：《论桂南大石铲》，《广西民族研究》2007 年第 3 期。

● 蒋廷瑜：《民族艺苑新探索 —— 评谢崇安〈壮侗语族先民青铜文化艺术研究〉》，《民族艺术》2007 年第 4 期。

- 彭书琳:《河池古代崖洞葬所见拔牙风俗》,《河池学院学报》2007 年第 6 期。

- 蒋廷瑜:《夜郎句町比较研究》,《广西博物馆文集》(第四辑),广西人民出版社,2007 年。

- 广西文物考古研究所:《广西文红水河流域新石器时代遗址考古调查报告》,《广西考古文集》(第三辑),文物出版社,2007 年。

- 广西文物考古研究所、龙州县博物馆:《龙州县更洒岩洞葬调查清理报告》,《广西考古文集》(第三辑),文物出版社,2007 年。

- 广西文物考古研究所、南宁市博物馆、武鸣县文物管理所:《武鸣县敢猪岩洞葬发掘简报》,《广西考古文集》(第三辑),文物出版社,2007 年。

- 广西文物考古研究所:《贺州上两遗址发掘报告》,《广西考古文集》(第三辑),文物出版社,2007 年。

- 广西文物考古研究所、柳州市文物考古队、柳州市博物馆、柳江县文物管理所:《柳州立冲南窑址发掘简报》,《广西考古文集》(第三辑),文物出版社,2007 年。

- 广西文物考古研究所、昭平县文物管理所:《昭平县篁竹、白马山古墓葬发掘报告》,《广西考古文集》(第三辑),文物出版社,2007 年。

- 黄启善:《试论广西与越南出土的古代玻璃器》,《广西考古文集》(第四辑),广西人民出版社,2007 年。

- 黄启善、党春宁:《越南民间铸造铜鼓的现场考察》,《广西考古文集》(第四辑),广西人民出版社,2007 年。

- 广西文物考古研究所、隆安县文物管理所:《隆安虎楼岭、北庙遗址发掘报告》,《广西考古文集》(第三辑),文物出版社,2007 年。

- 广西文物考古研究所、桂林市文物工作队、阳朔县文物管理所:《2005 年阳朔县高田镇古墓葬发掘报告》,《广西考古文集》(第三辑),文物出版社,2007 年。

- 广西文物考古研究所、桂林市文物工作队、平乐县文物管理所:《2005 年平乐县木棺汀发掘报告》,《广西考古文集》(第三辑),文物出版社,2007 年。

- 广西文物考古研究所、灌阳县文物管理所:《灌阳县古城岗战国墓》,《广西考古文集》(第三辑),文物出版社,2007 年。

- 杨清平:《略论广西地区旧石器时代向新石器时代过渡的有关问题》,《广西考古文集》(第三辑),文物出版社,2007 年。

- 杨清平:《广西地区新石器时代早期文化初步分析》,《广西博物馆文集》(第四辑),广西人民出版社,2007 年。

- 广西文物考古研究所、灵川县文物管理所:《桂林电子工业学院尧山校区三国至西晋墓的发掘报告》,《广西考古文集》(第三辑),文物出版社,2007 年。

- 梁旭达:《广西瓯骆文化浅析》,《百越研究 —— 中国百越民族

- 史研究会第十三届年会论文集》(第一辑),广西科学技术出版社,2007 年。

- 赖兰芳:《关于民族博物馆民族民俗文物陈列环境营造的思考》,《广西博物馆文集》(第四辑),广西人民出版社,2007 年。

- 林强:《广西史前贝丘遗址与生态环境的关系探讨》,《广西考古文集》(第三辑),文物出版社,2007 年。

- 陈丁山:《蛇斗蛙纹图饰蕴意探源》,《广西考古文集》(第三辑),文物出版社,2007 年。

- 谢日万、何安益:《桂南大石铲的发掘与研究》,《广西文物考古发掘研究十大精品》,广西人民出版社,2007 年。

- 谢日万、何安益:《论桂南大石铲遗存及其族属》,《百越研究》(第一辑),广西科学技术出版社,2007 年。

- 黄云忠、李珍:《广西先秦岩洞葬出土玉器及相关问题研究》,《广西先秦岩洞葬》,科学出版社,2007 年。

- 蓝日勇:《桂林郡早期治地不在今桂平县之我见》,《广西考古文集》(第三辑),文物出版社,2007 年。

- 蓝日勇:《骆越无国论》,《百越研究 —— 中国百越民族史研究会第十三届年会论文集》(第一辑),广西科学技术出版社,2007 年。

- 李珍、黄云忠等:《广西武鸣县敢猪岩洞葬出土玉石器的矿物学与岩石学特征》,《广西先秦岩洞葬》,科学出版社,2007 年。

- 谢光茂、艾瑞卡:《中国南方百色盆地旧石器工业》(法文),《人类学》(法国),2007 年第 111 卷。(Xie Guangmao, Erika Bodin, 2007. Les Industries Paleolithiques du Bassin de Bose, Chine du Sud. L'anthropologie, 2007:111.)

- 广西省考古研究所、田东县博物馆:《田东百渡旧石器时代遗址发掘报告》,《广西考古文集》(第三辑),文物出版社,2007 年。

- 谢光茂、林强、韦江:《百色盆地旧石器时代考古发掘取得重大突破》,《中国文物报》2007 年 5 月 4 日。

- 谢光茂:《百色手斧与手镐比较研究》,《考古学研究(七)》,科学出版社,2007 年。

- 蒋廷瑜:《徐松石对铜鼓研究的贡献》,《中国壮学》(第三辑),民族出版社,2007 年。

- 蒋廷瑜:《西瓯骆越青铜文化比较研究》,《百越研究 —— 中国百越民族史研究会第十三届年会论文集》(第一辑),广西科学技术出版社,2007 年。

- 彭书琳:《百色坎屯新石器时代墓葬人骨》,《广西考古文集》(第三辑),文物出版社,2007 年。

- 蒋廷瑜:《北海一座唐墓》,《广西考古文集》(第三辑),文物出版社,2007 年。
- 蒋廷瑜:《右江流域青铜文化族属试探》,《广西考古文集》(第三辑),文物出版社,2007 年。
- 杨清平:《壮族历史文化研究的又一部力作 —— 评〈壮族历史文化的考古学研究〉》,《中国壮学》(第三辑),民族出版社,2007 年。
- 林强:《广西红水河流域新石器时代台地遗址的研究》,《岭南考古研究 6》,中国评论学术出版社,2007 年。
- 林强:《广西红水河流域新石器时代台地遗址的发现和研究》,《南方文物》2007 年第 3 期。
- 林强、谢广维:《广西都安北大岭遗址出土的玉器及其族属的初步探讨》,《百越研究——中国百越民族史研究会第十三届年会论文集》(第一辑),广西科学技术出版社,2007 年。
- 彭书琳:《广西早期崖洞葬人骨初析》,《广西博物馆文集》(第四辑),广西人民出版社,2007 年。
- 彭书琳:《广西古代拔牙风俗》,《百越研究 —— 中国百越民族史研究会第十三届年会论文集》(第一辑),广西科学技术出版社,2007 年。
- 谢日万:《广西乡土建筑保护若干问题的探讨》,《广西考古文集》(第三辑),文物出版社,2007 年。
- 杨清平、李超、龚海:《广西平南相思洲遗址考古获重要发现》,《中国文物报》2008 年 1 月 2 日。
- 谢光茂:《大师的教诲,终生难忘 —— 忆贾兰坡院士》,《天道酬勤桃李香 —— 贾兰坡院士百年诞辰纪念文集》,科学出版社,2008 年。
- 谢光茂、林强:《百色上宋遗址发掘简报》,《人类学学报》2008 年第 1 期。
- 蒋廷瑜:《桂北南丹白裤瑶民族考古札记》,《南方文物》2008 年第 2 期。
- 李珍:《邕宁顶蛳山贝丘遗址》,《中国文化遗产》2008 年第 5 期。
- 张宪文:《三江侗族鼓楼和风雨桥》,《中国文化遗产》2008 年第 5 期。
- 张宪文:《鼓楼与风雨桥:广西的民族风景线》,《中国文化遗产》2008 年第 5 期。
- 韦江、韦仁义:《西瓯骆越的青铜时代》,《中国文化遗产》2008 年第 5 期。
- 韦江、韦仁义:《武鸣元龙坡先秦墓》,《中国文化遗产》2008 年第 5 期。
- 蒋廷瑜:《广西古代铜鼓》,《中国文化遗产》2008 年第 5 期。
- 谢光茂:《百色石器时代》,《中国文化遗产》2008 年第 5 期。
- 林强、蒋廷瑜:《贵港罗泊湾汉墓》,《中国文化遗产》2008 年第 5 期。
- 韦江:《平乐银山岭战国墓》,《中国文化遗产》2008 年第 5 期。
- 覃玉东:《忻城莫土司衙署》,《中国文化遗产》2008 年第 5 期。
- 覃玉东:《古代及近代建筑常识》,《广西第三次文物普查基础知识读本》,广西科学技术出版社,2008 年。
- 蓝日勇:《布山县治桂平说引证上的若干问题》,《广西博物馆文集》(第五辑),广西人民出版社,2008 年。
- 杨清平:《广西左江流域发现新石器时代贝丘遗址新的文化类型 ——崇左江洲区何村遗址发掘成果》,《中国文物报》2008 年 6 月 6 日。
- 蒋廷瑜:《甑皮岩考古记》,《传承》2008 年第 17 期。
- 彭书琳:《革新桥新石器时代遗址人骨初析》,《广西博物馆文集》(第五辑),广西人民出版社,2008 年。
- 潘郁生、蒋廷瑜:《陆荣廷史迹拾遗》,《广西博物馆文集》(第五辑),广西人民出版社,2008 年。
- 唐美芳:《壁画修复的实践与体会》,《文物保护研究新论》,文物出版社,2008 年。
- 蒋廷瑜:《从壮族麽经看壮族铜鼓》,《壮学第四次学术研讨会论文集》,广西民族出版社,2008 年。
- 蒋廷瑜:《越人及其后裔的铜鼓文化》,《越文化实勘研究论文集(二)》,科学出版社,2008 年。
- 蒋廷瑜:《广西唐宋时期佛教遗迹述略》,《广西博物馆文集》(第五辑),广西人民出版社,2008 年。
- 蒋廷瑜:《广西发现的独木舟》,《广西博物馆文集》(第五辑),广西人民出版社,2008 年。
- 李珍、黄云忠:《中国广西与越南的贝丘遗址及其文化关系》,《华南考古(2)》,文物出版社,2008 年。
- 黄启善:《试论广西史前贝丘文化遗址的类型及年代》,《广西博物馆文集》(第五辑),广西人民出版社,2008 年。
- 杨清平:《容县西山汉代至唐代冶铜遗址》,《中国考古学年鉴·2007》,文物出版社,2008 年。
- 杨清平:《平南县相思洲新石器时代遗址》,《中国考古学年鉴·2007》,文物出版社,2008 年。
- 杨清平:《西林达卜古港口明清时期遗址》,《中国考古学年鉴·2007》,文物出版社,2008 年。
- 杨清平:《崇左市江边新石器时代遗址》,《中国考古学年鉴·2008》,文物出版社,2009 年。
- 彭书琳:《广西古塔》,《〈广西文史〉选》,广西师范大学出版社,2008 年。
- 彭书琳:《岭南古代居民拔牙习俗的考古发现》,《南方文物》2009 年第 3 期。
- 蒋廷瑜:《罗泊湾铜器漆画解读》,《中国历史文物》2009 年第 4 期。
- 谢光茂、周学斌:《广西梧州市木铎冲遗址墓葬发掘简报》,《南方文物》2009 年第 4 期。
- 何安益、杨清平、宁永勤:《广西左江流域贝丘遗址考古新发现及初步认识》,《中国历史文物》2009 年第 5 期。

- 蒋廷瑜:《广西铜鼓遍山隅》,《传承》2009 年第 5 期。
- 彭书琳:《南丹县里湖瑶族乡岩洞葬人骨研究》,《民族学报》(第五辑),民族出版社,2009 年。
- 唐美芳:《现代文物修复理念在壁画保护中的应用》,《文物保护与修复的问题》(卷三),文物出版社,2009 年。
- 彭书琳:《壮族地区岩洞葬人骨研究》,《广西博物馆文集》(第六辑),2009 年 8 月。
- 唐美芳、孙强:《中国壁画修复与保护专业书目浅析》,《文物保护与修复的问题》(卷四)》,文物出版社,2009 年。
- 彭书琳:《略论汉代陶簋》,《汉代文明国际学术研讨会论文集》,北京燕山出版社,2009 年。
- 陈显灵:《论横县大滩伏波庙的后殿修复》,《广西博物馆文集》(第六辑),广西人民出版社,2009 年。
- 杨清平:《百色洞巴电站库区文物古迹的发现与研究》,《广西博物馆文集》(第六辑),广西人民出版社,2009 年。
- 杨清平:《崇左市何村新石器时代遗址》,《中国考古学年鉴·2008》,文物出版社,2009 年。
- 蓝日勇:《从三国南朝史料谈盘古神话的生变及源地问题》,《广西博物馆文集》(第六辑),广西人民出版社,2009 年。
- 蒋廷瑜:《东南地区的铜鼓》,《瓯文化论集》,浙江人民出版社,2009 年。
- 林强:《广西近年史前考古新发现及相关问题探讨》,《中国历史文物》2009 年第 5 期。
- 蓝日勇:《免费开放的博物馆如何为特殊观众服务的思考》,《博物馆免费开放的思考 —— 广西博物馆首届学术讨论会论文集》,广西科学技术出版社,2009 年。
- 黄启善:《广西北部湾地区汉代货币经济的产生与发展》,《广西博物馆文集》(第六辑),广西人民出版社,2009 年。
- 蒋廷瑜:《广西铜鼓的发现、收藏与研究》,《民族学报》(第七辑),民族出版社,2009 年。
- 熊昭明、谢广维:《广西西汉中晚期墓葬的外藏椁》,《汉代文明国际学术研讨会论文集》,北京燕山出版社,2009 年。
- 何安益:《平乐纱帽山新石器时代遗址的发现与收获》,《广西博物馆文集》(第七辑),广西人民出版社,2010 年。
- 覃玉东:《恭城武庙戏台的修缮》,《广西博物馆文集》(第七辑),广西人民出版社,2010 年。
- 李大伟、谢光茂:《试论广西新石器时代打制石器》,《广西考古文集》(第四辑),科学出版社,2010 年。
- 谢广维、韦江:《贵港市贵城汉至明清时期遗址》,《中国考古学年鉴·2009》,文物出版社,2010 年。
- 广西文物考古研究所、百色市右江区文物管理所:《百色田东百渡旧石器遗址发掘简报》,《人类学学报》2010 年第 4 期。
- 广西文物考古研究所、桂平市博物馆:《桂平大塘城汉墓发掘报告》,《广西考古文集》(第四辑),科学出版社,2010 年。
- 广西文物考古研究所、桂林市文物工作队、兴安县博物馆、全州县文物管理所:《全州至兴安高速公路沿线两晋南朝墓发掘报告》,《广西考古文集》(第四辑),科学出版社,2010 年。
- 彭书琳:《广西几座佛塔研究》,《广西博物馆文集》(第七辑),2010 年 12 月。
- 赖兰芳:《广西博物馆免费开放的实践与探索》,《广西博物馆文集》(第七辑),广西人民出版社,2010 年。
- 赖兰芳:《博物馆能否成为旅游经济新坐标》,《博物馆与旅游 —— 广西壮族自治区博物馆第二届学术研讨会论文集》,广西科学技术出版社,2010 年。
- 李珍:《广西新石器时代考古学文化的基本构架》,《中国考古学会第十二次年会论文集》,文物出版社,2010 年。
- 李珍:《古代环北部湾的造船业》,《北部湾海洋文化研究》,广西人民出版社,2010 年。
- 宋艳波、谢光茂:《广西革新桥新石器遗址动物遗骸的鉴定与研究》,《动物考古》(第 1 辑),文物出版社,2010 年。
- 谢光茂:《中国南方广西的古人类化石及旧石器文化》(英文),《达尔文与人类进化》,加尔各答(印度)2010 年。(Xie Guangmao, 2010. Human Fossils and Palaeolithic Cultures of Guangxi, South China. In: Ranjana Ray, et al (eds), Darwin and Human Evolution. Kolkata: Asiatic Society.)
- 杨清平:《隋唐时期北部湾地区汉俚民族的和谐关系》,《北部湾海洋文化论坛文集》,广西人民出版社,2010 年。
- 蒋廷瑜:《略论南越国的青铜冶铸业》,《西汉南越国考古与汉文化》,科学出版社,2010 年。
- 韦江:《广西史前考古新进展》,《中国考古学会第十一次年会论文集 2008》,文物出版社,2010 年。
- 中国科学院古脊椎动物与古人类研究所、北京自然博物馆、广西文物考古研究所、广西民族博物馆:《百色高岭坡旧石器遗址 1993 年发掘简报》,《人类学学报》2011 年第 1 期。
- 谢光茂、胡章华:《广西驮娘江流域发现的旧石器》,《南方文物》2011 年第 3 期。
- 李珍:《贝丘、大石铲、岩洞葬 —— 南宁及其附近地区史前文化的发展与演变》,《中国国家博物馆馆刊》2011 年第 7 期。
- 韦发勇:《浅谈施工电梯地基的施工技术》,《科技创业家》2011 年第 9 期。
- 查尔斯·海恩、谢光茂、林强:《史前的一个冲突区:东南亚第一批农耕人群与采集渔猎人群》,《古代》(英国)2011 年第 85 卷(Charles Higham, Xie Guangmao, Lin Qiang. 2011. The Prehistory of a Friction Zone: First farmers and hunters-gatherers in Southeast Asia. Antiquity, 85(328), 529~543.)

● 赖兰芳:《从网页设计谈广西文物考古所的网站建设》,《广西博物馆文集》(第八辑),广西人民出版社,2011 年。

● 陈丁山、谢广维:《从考古发现看广西越人好勇之说》,《广西博物馆文集》(第八辑),广西人民出版社,2011 年。

● 何安益、宁永勤:《桂东北和西江中游区东周越人土坑墓及族属探讨——以墓葬随葬陶器为例》,《百越研究——中国百越民族史研究会第十四次年会论文集》(第二辑),安徽大学出版社,2011 年。

● 何安益:《2010 年广西永福窑田岭窑址发掘概述》,《瓷美如花·馆藏瓷器精品图集》,广西教育出版社,2011 年。

● 何安益、苏勇:《广西平乐县纱帽山遗址的初步认识》,《史前研究 2010》,广西科学技术出版社,2011 年。

● 何安益:《广西永福窑田岭窑址群》,《中国考古新发现年度记录 2010》,中国文物报社,2011 年。

● 谢广维、林强:《广西钟山铜盆墓地》,《中国考古新发现年度记录 2010》,中国文物报社,2011 年。

● 谢广维:《贵港市孔屋岭汉墓》,《中国考古学年鉴·2010》,文物出版社,2011 年。

● 谢广维:《贺州凤凰岭东汉六朝明清墓葬》,《中国考古学年鉴·2010》,文物出版社,2011 年。

● 杨清平、何安益:《浅析广西地区史前墓葬的几种特殊习俗》,《广西博物馆文集》(第八辑),广西人民出版社,2011 年。

● 广西文物考古研究所、合浦县博物馆、广西师范大学文旅学院:《广西合浦寮尾东汉三国墓发掘报告》,《考古学报》2012 年第 4 期。

● 谢光茂、林强:《广西百色革新桥遗址石器制作工艺研究》,《南方文物》2012 年第 4 期。

● 谢广维:《钟山县铜盆两汉及清代墓》,《中国考古学年鉴·2011》,文物出版社,2012 年。

● 谢广维、陈丁山:《广西贺州凤凰岭古墓群相关问题探讨》,《广西博物馆文集》(第九辑),广西人民出版社,2012 年。

● 陈丁山:《略论秦始皇南平百越战争的相关问题》,《广西博物馆文集》(第九辑),广西人民出版社,2012 年。

● 李珍、彭鹏程:《上思出土三合土棺的考古学研究》,《广西博物馆文集》(第九辑),广西人民出版社,2012 年。

● 蒋廷瑜:《"西于"铜器、"九真"陶器与龙编侯墓》,《百越研究——中国百越民族史研究会第十五届年会暨环南海历史文化国际学术研讨会论文集》(第三辑),暨南大学出版社,2012 年。

● 彭长林、何安益、周然朝:《论有肩有段石器》,《边疆考古研究》(第 11 辑),科学出版社,2012 年。

● 蒋廷瑜:《米粉起源小考》,《桂林米粉》,广西师范大学出版社,2012 年。

● 黄启善:《广西灵山出土青铜短剑》,《广西文物考古报告集(1991~2010)》,科学出版社,2012 年。

● 彭书琳、蒋廷瑜:《岭南西部文明的诞生》,《中华历史文化探源》,云南人民出版社,2012 年。

● 蒋廷瑜:《羊角钮铜钟纹饰研究》,《中华历史文化探源》,云南人民出版社,2012 年。

● 陈显灵:《略谈广西连城要寨炮台设施之认识》,《广西博物馆文集》(第九辑),广西人民出版社,2012 年。

● 何安益:《从墓葬材料看商周时期的西瓯与骆越》,《广西民族博物馆文集》(第二辑),广西人民出版社,2012 年。

● 蒙长旺:《贵港市马鞍岭与梁君垌汉晋墓》,《中国考古学年鉴·2011》,文物出版社,2012 年。

● 蒙长旺:《合浦县凸鬼岭汉代墓地》,《中国考古学年鉴·2011》,文物出版社,2012 年。

● 何安益:《桂国考》,《中华历史文化探源》,云南人民出版社,2012 年。

● 何安益:《广西左右江流域早期青铜文化遗存认识与研究》,《广西与东盟青铜文化学术研讨会论文集》,科学出版社,2012 年。

● 谢广维、陈丁山:《广西贺州凤凰岭墓群相关问题探讨》,《广西博物馆文集》(第九辑),广西人民出版社,2012 年。

● 蒋廷瑜:《镂孔圈足铜壶研究》,《广西与东盟青铜文化学术研讨会论文集》,科学出版社,2012 年。

● 李法军、王明辉、傅宪国、基斯·多布尼、李珍、陈博宇、余翀:《中国南方广西顶蛳山遗址新石器时代肢解葬》,《古代》(英国)2013 年第 87 卷。(Fa jun Li, Ming-hui Wang, Xian-guo Fu, Keith Dobney, Zhen Li, Bo-yu Chen & Chong Yu:《Dismembered Neolithic burials at the Ding Si Shan site in Guangxi, southern China》,《Antiquity》87(337), 2013.)

● 蒋廷瑜:《在上海博物馆看到第二大铜鼓:铜鼓闻见记之三》,《广西文史》2013 年第 1 期。

● 蒋廷瑜:《铜鼓文化在泛北部湾历史研究中的重要地位》,《广西师范大学学报(哲学社会科学版)》2013 年第 1 期。

● 覃德清、胡大雷、贺圣达、王元林、蒋廷瑜、廖国一:《中国南疆研究笔谈》,《广西师范大学学报(哲学社会科学版)》2013 年第 1 期。

● 蒋廷瑜:《在台湾看到的铜鼓:铜鼓闻见记之四》,《广西文史》2013 年第 2 期。

● 蒋廷瑜:《在越南考察铜鼓(一):铜鼓闻见记之六》,《广西文史》2013 年第 3 期。

● 蒋廷瑜:《在越南考察铜鼓(二):铜鼓闻见记之六》,《广西文史》2013年第 4 期。

● 廖乃华:《古建筑防雷工设计与施工技术探讨》,《城市建设理论研究》2013 年第 15 期。

● 韦发勇:《浅析古代城墙维修技术》,《建筑界》2013 年 5 月下半月刊/总第 17 期。

● 谢光茂:《中国岭南地区的旧石器》,《东亚考古的新发现 —— 第四届国际汉学会议论文集》,2013 年。

● 广西文物保护与考古研究所、田东县博物馆:《田东檀河遗址发掘简报》,《广西考古文集》(第五辑),科学出版社,2013 年。

● 杨清平、潘晓军:《柳州鹿谷岭新石器时代遗址》,《中国考古学年鉴·2012》,文物出版社,2013 年。

● 兴安县博物馆:《兴安县界首骨伤医院东汉墓发掘简报》,《广西考古文集》(第五辑),科学出版社,2013 年。

● 广西文物保护与考古研究所、贺州市博物馆:《贺州凤凰岭古墓群考古发掘报告》,《广西考古文集》(第五辑),科学出版社,2013 年。

● 广西文物考古研究所、贵港市博物馆:《广西贵港市孔屋岭汉墓 2009 年发掘简报》,《考古》2013 年第 9 期。

● 陈丁山:《从出土简牍看秦苍梧郡建置的相关问题》,《广西考古文集》(第五辑),科学出版社,2013 年。

● 陈丁山:《全站仪在田野考古测绘中的实际应用及相关思考》,《广西考古文集》(第五辑),科学出版社,2013 年。

● 广西文物考古研究所:《百色大梅遗址A区发掘报告》,《广西考古文集》(第五辑),科学出版社,2013 年。

● 广西文物考古研究所等:《广西田林风洞C点发掘报告》,《广西考古文集》(第五辑),科学出版社,2013 年。

● 赖兰芳:《略谈基本建设考古工作的有关问题》,《广西考古文集》(第五辑),科学出版社,2013 年。

● 李珍:《试论桂林商周时期文化》,《广西考古文集》(第五辑),科学出版社,2013 年。

● 谢广维:《合浦汉代文化博物馆藏马座陶灯辨识》,《广西考古文集》(第五辑),科学出版社,2013 年。

● 广西文物保护与考古研究所、贵港市博物馆、中山大学:《广西贵港马鞍岭梁君垌汉至南朝墓发掘报告》,《考古学报》2014 年第 1 期。

● 陈晓军:《丹江库区水牛洼旧石器遗址发掘简报》,《人类学学报》2014 年第 1 期。

● 广西文物保护与考古研究所、桂林市文物工作队、永福县博物馆:《2010 年广西永福窑田岭三区宋代遗存发掘简报》,《考古》2014 年第 2 期。

● 陈晓颖:《秦家东山旧石器地点发现的石器研究》,《北方文物》2014 年第 2 期。

● 向安强、张文绪、何安益、傅珍:《广西资源县晓锦遗址第三期出土古稻研究》,《古今农业》2014 年第 3 期。

● 蒋廷瑜:《广西出土的商代铜卣》,《大众考古》2014 年第 3 期。

● 蒋廷瑜:《清代文人与广西铜鼓》,《广西文史》2014 年第 4 期。

● 彭书琳:《百色考古 揭开广西最早的辉煌》,《大众考古》2014 年第 5 期。

● 侯寿康:《东兰县韦国清上将故居复原设计与施工技术研究》,《工程管理前沿》2014 年第 5 期。

● 向安强、张文绪、何安益、傅珍、黄超:《广西资源县晓锦遗址第二期出土古稻研究》,《科学与管理》2014 年第 5 期。

● 蓝日勇、林强:《广西出土铜镜概述》,《广西博物馆文集》(第十辑)广西人民出版社,2014 年。

● 蒋廷瑜、彭书琳:《广西考古所见音乐文物概述》,《广西博物馆文集》(第十辑),广西人民出版社,2014 年。

● 蒋廷瑜:《汉晋南朝岭南地区的牛耕》,《广西博物馆文集》(第十辑)广西人民出版社,2014 年。

● 蓝日勇:《"苍梧国" 悬想》,《广西博物馆文集》(第十辑),广西人民出版社,2014 年。

● 杨清平:《先秦两汉时期广西地区铁器化之考古学初步观察》,《广西博物馆文集》(第十辑),广西人民出版社,2014 年。

● 黄强、杨清平、陈紫茹:《从墓葬材料看六朝时期桂东地区的文化面貌》,《广西博物馆文集》(第十辑),广西人民出版社,2014 年。

● 李珍、陆小春:《全州古代的廊桥》,《广西博物馆文集》(第十辑),广西人民出版社,2014 年。

● 彭书琳:《驮娘江独木舟考察》,《广西博物馆文集》(第十一辑),广西人民出版社,2014 年。

● 蒋廷瑜:《试论岭南地区秦代墓》,《桂林文博研究文集》,广西师范大学出版社,2014 年。

● 陈显灵:《广西 120 毫米克虏伯大炮研究》,《广西博物馆文集》(第十一辑),广西人民出版社,2014 年。

● 李珍:《秦城三题》,《广西博物馆文集》(第十一辑),广西人民出版社,2014 年。

● 蒙长旺:《苍梧县后背山六朝遗存和明代墓葬》,《中国考古学年鉴·2013》,文物出版社,2014 年。

● 黄强、杨清平:《广西地区古代火葬习俗探讨》,《桂林博物馆文集》(第一辑),广西师范大学出版社,2014 年。

● 何安益、韦军:《广西永福窑田岭窑址出土瓷器工艺技术探源》,《中国古代制瓷技术的对外传播与影响》,浙江人民美术出版社,2014 年。

● 谢光茂:《中国岭南地区旧石器时代晚期的石器工业》,《岭南印记 ——粤港澳考古成果展国际学术研讨会论文集》,香港历史博物馆,

2014 年。

● 陈显灵：《广西象州县郑小谷故居维修设计》，《信息周刊》2015 年 3 月第 11 期。

● 蒋廷瑜：《从黄焕中诗看刘永福保台心路》，《广西文史》2015 年第 1 期。

● 蒋廷瑜：《"海上丝路"考古奇遇 守候金鸡岭》，《大众考古》2015 年第 2 期。

● 蒋廷瑜：《我见过的翦伯赞先生：北大忆旧之一》，《广西文史》2015 年第 2 期。

● 蒋廷瑜：《北大考古专业创始人苏秉琦 —— 北大忆旧之二》，《广西文史》2015 年第 3 期。

● 蒋廷瑜：《我的导师俞伟超 —— 北大忆旧之三》，《广西文史》2015 年第 4 期。

● 韦发勇：《浅谈建筑工程中混凝土施工的裂缝与预防措施》，《基层建设》2015 年第 18 期。

● 杨清平：《龙州县无名山岩厦新石器时代贝丘遗址》，《中国考古学年鉴·2014》，文物出版社，2015 年。

● 杨清平：《左江流域考古调查》，《中国考古学年鉴·2014》，文物出版社，2015 年。

● 杨清平：《龙州县沉香角岩厦新石器时代贝丘遗址》，《中国考古学年鉴·2014》，文物出版社，2015 年。

● 杨清平：《龙州县宝剑山A洞新石器时代洞穴遗址》，《中国考古学年鉴·2014》，文物出版社，2015 年。

● 杨清平：《龙州县庭城西汉遗址》，《中国考古学年鉴·2014》，文物出版社，2015 年。

● 吴辉、何安益：《广西永福窑田岭窑装烧具初探》，《东方博物》（第五十四辑），2015 年。

● 吴辉、何安益：《宋代耀州窑青瓷印花装饰工艺对岭南及其周边的影响》，《湖南考古辑刊》（第 11 集），科学出版社，2015 年。

● 何安益、吴辉：《唐宋时期中原瓷细腰鼓文化对岭南的影响》《景德镇南窑考古发掘成果与研究 —— 2014 年南窑学术研讨会论文集》，科学出版社，2015 年。

● 李珍等：《灌江流域的石器时代晚期至商周时期文化探讨》，《桂林博物馆文集》（第二辑），广西师范大学出版社，2015 年。

● 彭书琳：《试论广西古代崖洞葬中的独木棺》，《百越研究 —— 中国百越民族史研究会第十六次年会论文集》（第四辑），厦门大学出版社，2015 年。

● 蒋廷瑜：《"百越古道"中的铜鼓路》，《广西博物馆文集》（第十二辑），广西人民出版社，2015 年。

● 蒋廷瑜：《汉至南朝岭南地区的陆路交通工具》，《百越研究 —— 中国百越民族史研究会第十六次年会论文集》（第四辑），厦门大学出版社，

● 唐美芳、黄槐武、廖元恬、蒙洁丽、梁建烈：《北海市馆藏铁炮病害成因及其防治对策研究》，《文物保护研究成果集萃》，安徽科学技术出版社，2015 年。

● 刘勇：《略论广西宋代青白瓷制瓷技术的来源》，《桂林博物馆文集》（第二辑），广西师范大学，2015 年。

● 蒙长旺：《崇左扶绥江西岸遗址》，《广西基本建设考古重要发现》，广西科学技术出版社，2015 年。

● 蒙长旺：《梧州龙圩后背山遗址》，《广西基本建设考古重要发现》，广西科学技术出版社，2015 年。

● 蒙长旺：《北海合浦上禁山六朝墓》，《广西基本建设考古重要发现》，广西科学技术出版社，2015 年。

● 蒙长旺：《北海合浦风门岭墓地》，《广西基本建设考古重要发现》，广西科学技术出版社，2015 年。

● 蒙长旺：《北海合浦九只岭墓地》，《广西基本建设考古重要发现》，广西科学技术出版社，2015 年。

● 蒙长旺：《北海合浦文昌塔汉墓》，《广西基本建设考古重要发现》，广西科学技术出版社，2015 年。

● 蒙长旺：《北海合浦寮尾东汉六朝墓》，《广西基本建设考古重要发现》，广西科学技术出版社，2015 年。

● 蒙长旺：《贵港马鞍岭梁君垌古墓》，《广西基本建设考古重要发现》，广西科学技术出版社，2015 年。

● 蒙长旺：《贵港深钉岭古墓》，《广西基本建设考古重要发现》，广西科学技术出版社，2015 年。

● 蒙长旺：《贵港孔屋岭公安局新址东汉墓》，《广西基本建设考古重要发现》，广西科学技术出版社，2015 年。

● 蒋廷瑜：《左江"花山岩画"奇观》，《大众考古》2015 年第 7 期。

● 蒋廷瑜：《商周考古第一人邹衡教授 —— 北大忆旧之四》，《广西文史》2016 年第 1 期。

● 蒋廷瑜：《湘桂走廊的宋代瓷业》，《广西教育学院学报》2016 年第 2 期。

● 蒋廷瑜：《左江岩画区的铜鼓文化》，《广西民族师范学院学报》2016 年第 33 卷第 5 期。

● 谢广维、黄登奎：《隆安县大龙潭新石器时代遗址》，《中国考古学年鉴·2015》，中国社会科学出版社，2016 年。

● 杨清平、李光亮：《龙州县汉代庭城遗址》，《中国考古学年鉴·2015》，中国社会科学出版社，2016 年。

● 蒙长旺：《北海市白龙城明清遗址》，《中国考古学年鉴·2015》，中国社会科学出版社，2016 年。

● 蒙长旺：《平南六浊岭汉至六朝冶铁遗址》，《中国考古学年鉴·2015》，中国社会科学出版社，2016 年。

- 蒙长旺：《扶绥县江西岸新石器时代及宋元遗址》，《中国考古学年鉴·2015》，中国社会科学出版社，2016 年。
- 韦革：《广西桂林靖江王陵》，《2015 中国考古重要发现》，文物出版社，2016 年。
- 韦革：《广西桂林靖江王陵考古新发现》，《大众考古》2016 年第 5 期。
- 谢广维、黄秋艳等：《广西田东利老遗址发现大石铲文化新类型》，《中国文物报》文物考古周刊，2015 年 7 月 29 日第 8 版。
- 谢广维、黄登奎等：《广西隆安大龙潭遗址发现新石器时代晚期大型石铲祭祀场》，《中国文物报》文物考古周刊，2015 年 5 月 22 日第 8 版。
- 陈晓颖、林强、谢光茂：《广西革新桥遗址打制石器研究》，《第十五届古脊椎动物学学术年会论文集》，海洋出版社，2016 年。
- 何安益：《广西先秦时期印纹陶发展进程与融合》，《中国古陶瓷研究辑丛：印纹硬陶与原始瓷研究》，紫禁城出版社，2016 年。
- 韦革：《国家考古遗址公园考古工作理念的探索——以桂林靖江王府及王陵的考古实践为例》，《大遗址保护与旅游融合高峰论坛暨国家考古遗址公园联盟第五届联席会论文集》，广西科学技术出版社，2016 年。
- 宋艳波、谢光茂：《广西百色地区全新世早中期的动物考古学研究》，《南方文物》2016 年第 1 期。
- 谢光茂：《广西旧石器文化概论》，《砥砺集——丁村遗址发现 60 周年纪念文集》，三晋出版社，2016 年。
- 谢光茂：《中国岭南地区新石器时代的打制石器》（英文），《第 21 届垂杨界和她的邻居们国际学术研讨会论文集》，拉勒米（美国）2016 年，第 253～262 页。(Xie Guangmao, 2016. A Study on the Neolithic Chipped Stone Tools from Lingnan (South China). Proceedings of 21 st Suyanggae and Her Neighbors International Symposium. Laramie: 253～262.)
- 谢光茂：《中国岭南地区新石器文化》（英文），《南岛语族扩散的新视角》，卡渣玛达大学出版社，2016 年。(Xie Guangmao, 2016. The Neolithic Cultures of Lingnan (Southern China). Austronesian Diaspora: A new perspective. Gadjah Mada University Press.)
- 杨清平、黄鑫、韦姗杉：《左江花山岩画与左右江流域考古遗存关联性初步研究》，《中国文化遗产》2016 年第 4 期。
- 松村博文、洪晓纯、李珍、筱田谦一：《中国广西灰窑田和鲤鱼坡早全新世狩猎采集者遗址的生物人类学研究》，《国立自然科学博物馆专刊》（日本）2017 年第 47 卷。(Hirofumi Matsumura、Hsiao-chun Hung、Li Zhen、Kenichi Shinoda：《Bio-Anthropological Studies of Early Holocene Hunter-Gatherer Sites at Huiyaotian and Liyupo in Guangxi, China》, National Museum of Nature and Science Monograph No. 47, 2017.)
- 蓝日勇：《"左江花山岩画研究"专栏主持人语》，《歌海》2016 年第 6 期。
- 谢光茂、林强：《广西锐棱砸击石片及相关问题的探讨》，《考古与文物》2017 年第 1 期。
- 周莉莉：《土质对可溶盐危害影响关系探究——以秦陵百戏俑坑为例》，《文物保护与考古科学》2017 年第 2 期。
- 广西文物保护与考古研究所：《百色大梅遗址第一地点发掘简报》，《人类学学报》2017 年第 3 期。
- 蒋廷瑜：《深切怀念麦英豪先生》，《广州文博》2017 年第 A1 期。
- 谢广维、陈虞添等：《田东县利老新石器时代遗址》，《中国考古学年鉴·2016》，中国社会科学出版社，2017 年。
- 杨清平：《龙州大湾新石器时代贝丘遗址》，《中国考古学年鉴·2016》，中国社会科学出版社，2017 年。
- 刘勇：《广西环北部湾地区汉代的海外进口装饰品》，《广西北部湾地区出土汉代文物与海上丝绸之路研究》，科学出版社，2017 年。
- 蒙长旺、邹桂森：《广西梧州六朝冶铁遗址初探》，《金属世界》2017 年第 4 期。
- 蓝日勇：《骆越花山岩画文化研究——骆越文化研究系列之四》，《广西师范学院学报》（哲学社会科学版）2017 年第 38 卷第 5 期。
- 侯寿康：《中国古建筑木结构加固及其性能之我见》，《低碳世界》（总第 172 期）2017 年第 34 期。
- 谢光茂、周学斌：《从考古发现看两汉时期瓯骆文化与中原文化、海外文化在北部湾地区的交融》，《广西北部湾地区出土汉代文物与海上丝绸之路》，科学出版社，2017 年。
- 谢光茂、林强、吴妍、李大伟：《中国南方及东南亚地区小石片石器》（英文），《第 22 届垂杨界国际会议论文集》，萨哈林国立大学（俄罗斯南萨哈林斯克）2017 年。(Xie Guangmao, Lin Qiang, Wu Yan, et al., 2017. Assemblages of Small Flake Tools from South China (Lingnan) and Mainland Southeast Asia. Proceedings of 22 nd International Symposium "Suyange" in Sakhalin. Sakhalin State University)
- 谢光茂、蒋远金：《张森水教授与广西旧石器考古》，《化石》2017 年第 4 期。
- 谢光茂：《在娅怀洞考古发掘的日子——记 2013 年级学生二三事》，《广西壮族自治区博物馆随笔》（4），广西科学技术出版社，2017 年。
- 杨清平、韦姗杉、吴肖桦：《论广西左江花山岩画区域内的史前考古学文化》，《民博论丛》2017 年。
- 陈显灵、覃玉东、唐美芳：《陆川县谢鲁山庄修缮保护方案》，《广西文物保护工程方案设计文集》（第一辑），广西科学技术出版社，2017 年。
- 梁优、何安益：《广西南宁灰窑田新石器时代贝丘遗址》，《2016 中国重要考古发现》，文物出版社，2017 年。
- 梁优、何安益：《马山县永州镇洞穴考古调查》，《中国考古学年鉴·2016》，中国社会科学出版社，2017 年。

- 廖乃华:《恭城瑶族自治县周氏宗祠维修方案》《西林岑氏家族建筑群维修保护方案》《岑溪陈济桓故居方案》,《广西文物保护工程方案》(第一辑),广西科学技术出版社,2017年。
- 蒙长旺:《合浦县英罗唐代窑址及宋代遗址》,《中国考古学年鉴·2016》,中国社会科学出版社,2017年。
- 蒙长旺:《上林县智城唐代城址》,《中国考古学年鉴·2016》,中国社会科学出版社,2017年。
- 蒙长旺:《防城港市庙万口海域水下文化遗产调查》,《中国考古学年鉴·2016》,中国社会科学出版社,2017年。
- 蒙长旺:《广西早期冶铁遗址的考古发现及研究》,《广西文博》(第一辑),广西人民出版社,2017年。
- 唐美芳、黄槐武:《昆仑关战役旧址石质文物保护修复方案》,《广西文物保护工程方案设计文集》(第一辑),广西科学技术出版社,2017年。
- 侯寿康、覃玉东:《灌阳县唐景崧故居维修方案》,《广西文物保护工程方案设计文集》(第一辑),广西科学技术出版社,2017年。
- 覃玉东:《灌阳县升平天国遗址大成门抢险维修方案》,《广西文物保护工程方案设计文集》(第一辑),广西科学技术出版社,2017年。
- 覃玉东、王伟昭、唐美芳:《武宣县文庙修缮设计》,《广西文物保护工程方案设计文集》(第一辑),广西科学技术出版社,2017年。
- 覃玉东、廖乃华、陈显灵、侯寿康、唐美芳、廖恒毅:《广西灵川县江头村和长岗岭村古建筑群抢险修缮方案(一期)》,《广西文物保护工程方案设计文集》(第一辑),广西科学技术出版社,2017年。
- 覃玉东、王伟昭、唐美芳:《桂平市寿圣寺修缮方案》,《广西文物保护工程方案设计文集》(第一辑),广西科学技术出版社,2017年。
- 覃玉东、欧良丽:《临桂县六塘清真寺大门、二门维修设计方案》,《广西文物保护工程方案设计文集》(第一辑),广西科学技术出版社,2017。
- 蒋廷瑜:《夏商周时期的广西》,《中华之源与嵩山文明研究》第三辑,2017年6月。
- 蒋廷瑜、彭书琳:《试论僚人铜鼓》,《僚学研究》第三辑,2017年11月。
- 谢光茂、余明辉、卢杰英:《广西隆安娅怀洞遗址发掘取得重要收获》,《中国文物报》2018年1月19日。
- 谢光茂:《广西隆安娅怀洞遗址》,《大众考古》2018年第1期。
- 广西文物保护与考古研究所、钟山县文物管理所:《广西钟山县张屋村汉、晋墓发掘简报》,《四川文物》2018年第1期。
- 李珍:《合浦汉墓:丝路繁荣的守望者》,《美丽广西》2018年第2期。
- 刘勇:《唐安玄朗墓志述考》,《考古与文物》2018年第4期。
- 蒋廷瑜:《上思明代真武庙铁钟考释》,《广西博物馆文集》(第十三辑),广西人民出版社,2018年。
- 蒋廷瑜、李珍:《桂岭考古千般趣 铜鼓探索万种情——蒋廷瑜先生访谈录》,《南方文物》2018年第2期。
- 谢光茂、林强、陈晓颖、余明辉等:《百色盆地高岭坡遗址的地层及年代》,《人类学》(法国)2018年第122卷.(Guangmao Xie, Qiang Lin, Xiaoying Chen, Minghui Yu, et al. Stratigraphie et Chronologie du site de Gaolingpo dans le Bassin de Bose, sud de la Chine. L'anthropologie, 2018:122)
- 唐美芳、覃玉东:《平果县阳明洞摩崖题刻迁移保护》,《鉴定与鉴赏》2018年第7期。
- 谢光茂、余明辉、卢杰英:《广西娅怀洞遗址》,《2017中国重要考古新发现》,文物出版社,2018年。
- 吴雁、谢光茂:《越南安克旧石器时代遗址群考察记》,《大众考古》2018年第5期。

后记

2018 年是广西壮族自治区成立 60 周年，广西的社会、经济、文化等各方面的建设都取得了巨大的成就，文物考古工作也不例外。为了更好地体现广西文物考古工作 60 年来所取得的成绩，我们梳理了广西文物保护与考古研究所的发展历史，从考古、文物保护、科学研究、宣传教育等方面进行总结，配以图片，客观地加以展现。

为了编好此书，广西文物保护与考古研究所全体人员提供了有关照片、资料。具体负责内容编写的人员有：谢光茂（旧石器时代）、何安益（新石器时代、先秦时期）、谢广维（秦汉时期、三国两晋南朝时期）、蒙长旺（隋唐时期、五代宋时期、元明清时期）、黄槐武（文物保护）、赖兰芳（机构沿革、科学研究、出版著作），他们做了大量的资料整理、文字编写工作。广西壮族自治区博物馆、广西自然博物馆、梧州市博物馆、藤县博物馆、田东县博物馆、贺州市文物管理所等单位提供部分人员历史资料。谢日万、覃义生、黄启善、蓝日勇、韦江等同志对书稿的编写提出了宝贵意见，蒋廷瑜、彭书琳同志对书稿进行了补充、修改和总纂，林强所长负责书稿的终审工作。

由于时间久远，单位人员变动较大，保管的历史资料不全，因此所涉及的单位人员、资料等各方面难以照顾周全，错漏之处难免，敬请见谅。

编 者

2018 年